Gestão da educação

A coordenação
do trabalho coletivo na escola

EDUCAÇÃO NA UNIVERSIDADE

CURRÍCULOS *Marlucy Alves Paraíso*
EDUCAÇÃO ESPECIAL *Jáima Pinheiro de Oliveira*
EDUCAÇÃO INFANTIL *Lívia Fraga Vieira* e *Mônica Correia Baptista*
FILOSOFIA DA EDUCAÇÃO *Ronai Rocha*
GESTÃO DA EDUCAÇÃO *Iracema Santos do Nascimento*
POLÍTICAS EDUCACIONAIS *Carlos Roberto Cury* e *Zara Figueiredo Tripodi*
PSICOLOGIA EDUCACIONAL *Maria de Fátima C. Gomes* e *Marcelo Ricardo Pereira*

Conselho da coleção
José Sérgio Fonseca de Carvalho – USP
Marlucy Alves Paraíso – UFMG
Rildo Cosson – UFPB

Proibida a reprodução total ou parcial em qualquer mídia
sem a autorização escrita da editora.
Os infratores estão sujeitos às penas da lei.

A Editora não é responsável pelo conteúdo deste livro.
A Autora conhece os fatos narrados, pelos quais é responsável,
assim como se responsabiliza pelos juízos emitidos.

Consulte nosso catálogo completo e últimos lançamentos em **www.editoracontexto.com.br**.

IRACEMA SANTOS DO NASCIMENTO

Gestão da educação

A coordenação
do trabalho coletivo na escola

Copyright © 2023 da Autora

Todos os direitos desta edição reservados à
Editora Contexto (Editora Pinsky Ltda.)

Foto de capa
Agence Olloweb em Unsplash

Montagem de capa e diagramação
Gustavo S. Vilas Boas

Coordenação de textos
Luciana Pinsky

Preparação de textos
Lilian Aquino

Revisão
Mariana Carvalho Teixeira

Dados Internacionais de Catalogação na Publicação (CIP)

Nascimento, Iracema Santos do
Gestão da educação : a coordenação do trabalho coletivo
na escola / Iracema Santos do Nascimento. –
São Paulo : Contexto, 2024.
160 p. (Coleção Educação na Universidade)

Bibliografia
ISBN 978-65-5541-399-1

1. Escolas – Organização e administração I. Título II. Série

24-1212   CDD 371.207

Angélica Ilacqua – Bibliotecária – CRB-8/7057

Índice para catálogo sistemático:
1. Escolas – Organização e administração

2024

EDITORA CONTEXTO
Diretor editorial: *Jaime Pinsky*

Rua Dr. José Elias, 520 – Alto da Lapa
05083-030 – São Paulo – SP
PABX: (11) 3832 5838
contato@editoracontexto.com.br
www.editoracontexto.com.br

Sumário

Introdução 7

Democracia, educação e gestão escolar 13

Direção escolar e coordenação pedagógica 31

A coordenação do trabalho coletivo 47

O projeto político-pedagógico 63

Desigualdades, diferenças e diversidade 83

Gestão financeira 107

Educação de qualidade
    e avaliação educacional 133

Conclusão 153

A autora 157

Introdução

Caras leitoras, caros leitores:

Este livro é destinado a estudantes de cursos de Pedagogia e demais licenciaturas, sobretudo quando estiverem dedicadas e dedicados a disciplinas que tratam de gestão educacional, especialmente gestão escolar.

O objetivo da coleção da qual esta obra faz parte é apoiar estudantes de graduação nos estudos da formação inicial de ensino superior. A encomenda feita pela Editora Contexto foi de um texto simples, direto, que dispensasse citações e referências. Um texto que dialogasse diretamente com estudantes que estão iniciando seus estudos de nível superior nas licenciaturas, ou seja, nos cursos iniciais de formação de professores.

Assim, não tenho a pretensão de esgotar qualquer assunto tratado, como, aliás, nenhum texto deveria ter, por mais extenso e profundo que possa ser. A intenção é oferecer um ponto de partida para os estudos. A partir dos tópicos aqui apresentados, as e os estudantes poderão buscar outras referências que ampliem e aprofundem seus conhecimentos sobre as temáticas abordadas.

Embora as e os estudantes de licenciaturas sejam o público prioritário desta obra, ela também pode ser utilizada pelo professorado já no exercício da profissão, em sala de aula, em cargos ou funções de gestão, na escola ou em outros âmbitos do sistema educacional.

Independentemente da licenciatura que tenha cursado, da etapa da educação básica em que atua ou de sua área curricular, toda pessoa que se dedica ao magistério precisa entender que sua atuação está situada em um contexto maior. O que se passa entre professora ou professor com a turminha de bebês e crianças na educação infantil, com turmas de ensino fundamental e médio, e tudo o mais que acontece em todas as unidades escolares de qualquer modalidade de educação, em qualquer localidade, sofre influência das políticas emanadas pelas instâncias centrais dos sistemas educacionais e do modo como essas políticas são implementadas na escola. E isso, por sua vez, tem tudo a ver com gestão escolar.

No mais, a escola também está perpassada pelas influências do território ao qual pertence e pelo contexto maior do município, do estado, do país e do mundo. Ao mesmo tempo, a escola não é uma instância que apenas recebe influências, de modo passivo. Como uma das mais importantes instituições sociais da contemporaneidade, ela também exerce papel ativo na constituição dos sujeitos e do tecido social.

Por isso, estudantes de licenciaturas e professoras e professores em exercício precisam estudar continuamente a gestão escolar em sua relação com política educacional. E devem exercer sua profissão tendo plena consciência dessas dimensões. Esse é meu discurso nas aulas de Coordenação do Trabalho na Escola e de Política e Organização da Educação Básica na Faculdade de Educação da USP. Sinto que, por vezes, estudantes de licenciaturas chegam nessas disciplinas e em outras similares, em outras instituições de ensino superior, desconfiados sobre a utilidade delas em sua formação. Afinal, como não estão diretamente relacionadas a nenhum componente curricular da educação básica, elas parecem um tanto abstratas e descoladas da atuação da professora e do professor.

No entanto, alerto a todas as pessoas que estão ingressando na aventura do ofício docente que essas disciplinas tratam de um componente fundamental e incontornável do cotidiano da escola: as relações de poder. Trata-se de um elemento que integra o que se convencionou chamar de "currículo oculto" na educação, ou seja, aquilo que está presente e ativo, mas não explícito. Ninguém poderá se tornar uma professora, um professor de verdade sem refletir sobre as relações de poder na escola, sem analisar como sua atuação se situa dentro dessas relações, como todas as demais pessoas nelas se situam. Tudo isso passa necessariamente pela gestão escolar.

Assim, reitero aqui o discurso que faço para minhas alunas, alunos e alunes, convidando leitoras e leitores a se apaixonarem, como eu, por política e gestão educacional, como parte de seu constante processo de formação, aprendizado e ampliação de repertório, de um modo crítico, ou seja, que perceba a complexidade da realidade educacional, focando, no caso deste livro, a gestão escolar. Atenção: vocês entenderão, ao longo deste texto, que ao utilizar a expressão "gestão escolar" não estou me referindo a pessoas ou a determinados cargos, mas a um processo de trabalho coletivo que perpassa a atuação de todos os profissionais da escola, além das instâncias de participação.

ALGUMAS NOTAS SOBRE ESTILO

Por vezes escrevo na primeira pessoa do singular e, de modo geral, no tempo presente do indicativo: "penso que", "defendo, proponho isso ou aquilo", "compreendo tal situação" etc. Outras vezes conjugo os verbos na primeira pessoa do plural e no tempo presente do subjuntivo: "vejamos", "tomemos como exemplo" etc. Utilizo essa conjugação e esse tempo verbal como um convite para que leitoras e leitores se engajem comigo na argumentação e nas reflexões propostas.

Na maior parte dos casos, me refiro às pessoas que trabalham na escola e às que frequentam esse espaço como estudantes pela designação de artigos, pronomes e concordâncias decorrentes no feminino e no masculino. Em algumas passagens, utilizo apenas o gênero de linguagem feminino porque me refiro a pessoas.

Vou utilizar "Secretaria de Educação" de modo genérico apenas para facilitar, mas sabemos que no Brasil há variadas denominações para os órgãos centrais responsáveis pela área de educação nos municípios, como departamento ou diretoria.

A maior parte das dicas, sobretudo as de passo a passo para o tratamento de algum assunto, vêm da realidade de escolas públicas de várias partes do Brasil, as quais tenho tido oportunidade de conhecer em processos de pesquisa e em encontros formativos.

Em termos de experiências de escolas, menciono vários exemplos das redes municipal paulistana e estadual paulista, por fazerem parte da realidade que acompanho mais de perto. Procurei também trazer exemplos de políticas de redes de outros estados e municípios, compreendendo que a situação da gestão educacional e escolar no Brasil é bastante diversificada.

O CONTEÚDO DE CADA CAPÍTULO

Embora o foco deste livro seja a gestão escolar, eu a associo sempre à política educacional porque não é possível tratar de gestão sem falar de política. Por isso, na parte inicial de cada capítulo procuro apresentar, de modo sintético, uma recuperação histórica do assunto principal em suas relações com a política educacional e um pouco do contexto sociopolítico mais geral.

Iniciando com o capítulo "Democracia, educação e gestão escolar", procuro situar a gestão escolar no contexto mais recente da democracia e da organização da educação brasileira, sobretudo a partir da Constituição Federal de 1988, tratando do princípio constitucional da gestão democrática e de seus pressupostos político-pedagógicos no âmbito da educação para a democracia.

O capítulo seguinte, "Direção escolar e coordenação pedagógica", traz uma recuperação histórica dos dois principais cargos responsáveis pela gestão em unidades escolares no Brasil – direção escolar e coordenação pedagógica. Também apresenta e problematiza suas atribuições e rotina de trabalho, a partir de depoimentos de profissionais.

Em "A coordenação do trabalho coletivo", apresento o trabalho da gestão escolar como um processo coletivo e os princípios que o sustentam, como também trato das instâncias de gestão democrática mais comuns nas escolas e de outros dispositivos de incentivo à participação na educação.

O PPP é o carro-chefe do capítulo "O projeto político-pedagógico", que define o que é esse projeto, apresenta um pouco de seu histórico na educação brasileira, como e por quem deve ser elaborado, executado e avaliado, com exemplos de escolas que avançaram na proposição e execução de seus PPPs.

No capítulo "Desigualdades, diferenças e diversidade", trato dos desafios da equipe gestora diante do enfrentamento de desigualdades, discriminações e exclusão escolar, como também da valorização e promoção das diferenças na educação, com menção ao marco legal que ampara e orienta esse trabalho. Apresento dados estatísticos sobre essas questões e exemplos de escolas que procuram enfrentar tais desafios.

O capítulo "Gestão financeira" tem como foco o papel e a responsabilidade da equipe gestora na gestão financeira da unidade escolar, considerando os recursos de manejo direto da escola e as exigências da gestão financeira no setor público. Optei por direcioná-lo à gestão financeira da escola pública, pois essa função é muito diferente na rede pública e na rede privada.

Por fim, no capítulo "Educação de qualidade e avaliação educacional", apresento os dois principais modelos de avaliação educacional em vigência (avaliação externa e institucional) e os conceitos que os fundamentam. Priorizando o tratamento da avaliação institucional, discuto o papel da equipe de gestão escolar nos processos de avaliação em sua relação com o conceito de educação de qualidade.

Escolhi esses sete tópicos por entender que são os principais desafios do trabalho relacionado à gestão escolar, entre tantos outros que povoam o cotidiano da escola.

Meu propósito, com esta obra, é que cada pessoa que a leia se sinta um pouco mais sabida e mais preparada para o ofício do magistério e, ao mesmo tempo, mais curiosa, mais instigada a prosseguir e aprofundar seus estudos sobre gestão escolar. E, principalmente, mais comprometida com uma gestão democrática, que contribua para a elaboração e implementação de um projeto político-pedagógico que envolva toda a comunidade escolar na construção de uma educação emancipadora como direito de todos os bebês, crianças, adolescentes, jovens e adultos que frequentam as escolas brasileiras.

AGRADECIMENTOS

No processo de pesquisa e levantamento de dados para a escrita desta obra contei com a colaboração valiosa de várias pessoas companheiras, profissionais das redes públicas com quem mantenho permanente interlocução. Assim, agradeço depoimentos, explicações, dados e trocas generosamente a mim confiados por Carlos Eduardo Fernandes Júnior (Cadu), Carol Beltran, João Batista Silva dos Santos, Marcos Manoel, Maria José Teixeira Cardoso (Zezé), Michelle Mendonça, Sol Horti, Sol Miranda, Solange Amorim, Tatiane Santos e Viviane Vieira. Faço menção especial a Carlos Cardoso e a Helder Oliveira, pela revisão crítica do capítulo sobre gestão financeira, e a Caroline Oliveira, pela organização de alguns dados estatísticos.

Agradeço (sempre) ao professor Vitor Henrique Paro, meu orientador no doutorado, que se tornou um grande amigo, pela indicação para a editora. Agradeço também à Editora Contexto por essa oportunidade de sistematizar parte de minhas aulas de Coordenação do Trabalho na Escola e de Política e Organização da Educação Brasileira. E, especialmente, a todas as pessoas que já foram e ainda são minhas alunas nessas disciplinas na Faculdade de Educação da USP, que me desafiam e com quem aprendo constantemente.

Democracia, educação e gestão escolar

Este capítulo vai situar gestão escolar dentro de um contexto mais recente da democracia e da organização da educação brasileira, sobretudo a partir da Constituição Federal de 1988 (CF 1988). Tratarei do princípio constitucional da gestão democrática e de seus pressupostos político-pedagógicos no âmbito da educação para a democracia.

BREVE HISTÓRICO DO PRINCÍPIO CONSTITUCIONAL DA GESTÃO DEMOCRÁTICA DA EDUCAÇÃO

Por que começar um livro sobre gestão escolar tratando de democracia? São duas razões principais. Primeiro, porque a democracia enquanto regime de governo depende de uma educação escolar que forme pessoas para a vida em sociedade, para a cidadania, para a valorização e o respeito às diferenças, para o respeito ao Estado Democrático de Direito.

> **Estado Democrático de Direito**
>
> Esta expressão é afirmada logo no primeiro artigo da Constituição Federal de 1988: "Art. 1º A República Federativa do Brasil, formada pela união indissolúvel dos Estados e Municípios e do Distrito Federal, constitui-se em Estado Democrático de Direito e tem como fundamentos: [...]". O Estado Democrático de Direito expressa uma forma de governo em que há, basicamente: um Estado como instância organizadora da vida em sociedade; divisão de poderes (Legislativo, Executivo, Judiciário), ou seja, o poder não está concentrado em uma única pessoa ou em um único núcleo de governo; soberania da vontade geral da sociedade, não necessariamente da maioria apenas em termos numéricos, mas como resultado de consensos possíveis em determinados momentos históricos; respeito aos Direitos Humanos.

O Brasil é um país marcado por históricas e profundas desigualdades socioeconômicas, o que significa que a educação precisa também contribuir para a superação dessa situação. De certa forma, isso está acenado no art. 3º da Constituição, aquele que define quatro objetivos fundamentais da República: "Art. 3º Constituem objetivos fundamentais da República Federativa do Brasil: I - construir uma sociedade livre, justa e solidária; II - garantir o desenvolvimento nacional; III - erradicar a pobreza e a marginalização e reduzir as desigualdades sociais e regionais; IV - promover o bem de todos, sem preconceitos de origem, raça, sexo, cor, idade e quaisquer outras formas de discriminação".

Ou seja, o texto constitucional reconhece a existência de desigualdades e a necessidade de superá-las, no contexto de um projeto de desenvolvimento nacional, o que não se faz sem um consistente projeto educacional.

Um dos grandes defensores da educação pública de qualidade comum e universal (para todos) no Brasil, Anísio Teixeira (1900-1971), educador, jurista e político nascido na elite baiana que alcançou projeção nacional, costumava dizer que a escola é a "máquina de fazer democracia". Ou seja, ninguém nasce democrático ou defendendo a democracia. Como tudo na vida, isso também se aprende. E não existe melhor lugar para o aprendizado prático sobre a democracia do que a escola, normalmente o primeiro local de convivência pública da maioria das pessoas depois do convívio privado no ambiente familiar.

A segunda razão é que a Constituição Federal Brasileira de 1988 definiu a gestão democrática como princípio da educação pública. Está lá no inciso VI do art. 206, artigo este que estabelece os princípios da educação nacional. "Art. 206. O ensino será ministrado com base nos seguintes princípios: [...] VI - gestão democrática do ensino público, na forma da lei". Mas o que significa ser um princípio constitucional?

O fato de ter sido estabelecida na Constituição como um dos princípios da educação pública significa que a gestão democrática deve ser respeitada, observada e praticada por todas as instâncias e atores do sistema educacional, do MEC à escola. Um princípio legal é como um mandamento orientador, que precisa ser considerado em toda e qualquer medida a ser tomada pelo poder público. Deve estar presente em legislações derivadas, políticas públicas, programas, ações, documentos, normas, instâncias etc.

Depois de inscrita na Constituição, a gestão democrática foi reafirmada na LDBEN 9.394/1996 (Lei de Diretrizes e Bases da Educação Nacional), nossa lei máxima da educação, que costumamos denominar mais simplesmente de LDB. Nesse caso, está lá no inciso VIII do art. 3º: "Art. 3º O ensino será ministrado com base nos seguintes princípios: [...] VIII - gestão democrática do ensino público, na forma desta Lei e da legislação dos sistemas de ensino".

É importante compreender como e por que a gestão democrática veio a constar como um dos princípios constitucionais da educação pública no Brasil. Essa foi uma conquista de movimentos de educadoras e educadores que, junto com outros grupos, atuavam pela restauração democrática no Brasil após o período de ditadura militar (1964-1985). Na verdade, os grupos de lutas pela democracia estiveram em ação mesmo durante o regime militar, uma boa parte deles na clandestinidade, e puderam assumir publicamente suas pautas em finais dos anos de 1970 e começo da década de 1980, quando a ditadura começou a dar sinais de enfraquecimento.

Nesse período, houve enorme mobilização de uma grande diversidade de grupos e setores, como sindicatos e outras associações trabalhistas, partidos de esquerda, movimentos pela reforma agrária, negros (soma de pretos e pardos), indígenas, feministas e de mulheres, organizações não governamentais, tendências progressistas de denominações religiosas variadas, dentre tantos outros, em torno da Assembleia Nacional Constituinte. De modo geral, além da democratização político-institucional formal (direitos civis e políticos), esses grupos reivindicavam também o que chamamos de democracia social, ou seja, um regime que permitisse não só direitos iguais para a participação política formal (direito de qualquer cidadão votar e se candidatar), mas que garantisse direitos sociais para toda a população.

Em suma, num país de extremas e históricas desigualdades socioeconômicas como o Brasil, entendia-se que sem superar ou pelo menos diminuir as abissais distâncias entre certos grupos populacionais (ver capítulo "Desigualdades, diferenças e diversidade"), também não seria possível alcançar a democracia formal. Tais lutas resultaram em uma importante conquista no texto da CF 1988, pela introdução do art. 6º, que trata dos direitos sociais, sendo o primeiro deles a educação: "Art. 6º São direitos sociais a educação, a saúde, a alimentação, o trabalho, a moradia, o transporte, o lazer, a segurança, a previdência social, a proteção à maternidade e à infância, a assistência aos desamparados, na forma desta Constituição".

No que diz respeito à educação e à gestão democrática, antes mesmo do final oficial do período ditatorial, vários mandatos de governos estaduais e municipais de oposição ao regime militar realizaram experiências de gestão democrática na educação, por meio da instalação de conselhos escolares, entidades de representação estudantil, eleição de diretoras e diretores de escolas, criação de conselhos municipais de educação, dentre outros dispositivos.

Por ocasião da Assembleia Nacional Constituinte de 1987, os movimentos organizados da educação atuaram para fazer valer suas reivindicações junto aos deputados e deputadas constituintes. A gestão democrática da educação era uma dessas pautas. As educadoras e os educadores sabiam que a centralização do planejamento e das decisões da área em burocratas de gabinete não colaborava para a construção de uma educação emancipadora, pois fazia com que as escolas apenas obedecessem ao que era pensado e definido por instâncias centrais do sistema de ensino.

Aliás, a formulação da gestão democrática se sustenta por um princípio mais abrangente, o de *participação cidadã na administração pública*, seja na esfera municipal, estadual, distrital ou federal. Acreditava-se que tal participação contribuiria para democratizar um Estado que nunca havia sido de fato aberto à maioria da população, ou pelo menos à representação de grupos historicamente excluídos, e que tinha se blindado por completo durante o período ditatorial. Assim, as bases da participação cidadã foram lançadas na Constituição de 1988, que garante sua existência no debate e na elaboração de políticas relativas a direitos trabalhistas, prestação de serviços públicos, sendo mencionada diretamente como diretriz da gestão do SUS (Sistema Único de Saúde, art. 198), da assistência social (art. 204), e do Sistema Nacional de Cultura (art. 216-A).

Mas é no parágrafo único do art. 193, que trata da ordem social, que a participação se consagra como princípio fundamental para a boa condução das políticas públicas sociais: "Art. 193. A ordem social tem como base o primado do trabalho, e como objetivo o bem-estar e a justiça sociais. Parágrafo único. O Estado exercerá a função de planejamento das políticas sociais, assegurada, na forma da lei, a participação da sociedade nos processos de formulação, de monitoramento, de controle e de avaliação dessas políticas". O parágrafo foi incluído pela Emenda Constitucional nº 108, de 2020, a mesma que tornou permanente o Fundeb (Fundo de Manutenção e Desenvolvimento da Educação Básica e de Valorização dos Profissionais da Educação), que antes constava na parte dos Atos e Dispositivos Constitucionais Provisórios.

Ainda sobre esse breve contexto histórico, cabe notar que o princípio da gestão democrática foi inicialmente idealizado para a educação de modo geral, pública ou privada. A formulação inicial, proposta pelo FNDEP (Fórum Nacional em Defesa da Escola Pública), também era muito mais assertiva quanto a quem deveria participar.

> ### Fórum Nacional de Defesa da Escola Pública
>
> O FNDEP foi um movimento de defesa da educação pública e gratuita atuante durante a Assembleia Nacional Constituinte e na tramitação do projeto de lei que deu origem à LDB. Foi criado em 1986, como decorrência de articulações geradas na 4ª CBE (Conferência Brasileira de Educação), em Goiânia, com a temática "A Educação e a Constituinte", que divulgou a "Carta de Goiânia", propondo um conjunto de princípios educacionais para a Constituição Federal, a maior parte deles incorporada ao texto. O lançamento oficial ocorreu em Brasília, em 9 de abril de 1987, com a denominação inicial de Fórum da Educação na Constituinte em Defesa do Ensino Público e Gratuito, acompanhado do "Manifesto em Defesa da Escola Pública e Gratuita". O Fórum iniciou-se com a composição de 15 entidades nacionais, chegando a ter 26 em anos posteriores. Em sua maioria, eram entidades de classe, de representação sindical de trabalhadores da educação, científicas da área educacional e estudantis.

O texto que o FNDEP apresentou à Comissão Constituinte responsável pelo capítulo da Educação no que viria ser a nova Constituição era assim: "gestão democrática do ensino, com participação de docentes, alunos, funcionários e comunidades". Esse texto foi incorporado no anteprojeto de Constituição, mas terminou sendo alterado no plenário, a partir de uma emenda apoiada por setores conservadores, ficando a redação que temos hoje, já mencionada e aqui repetida: "VI - gestão democrática do ensino público, na forma da lei" (CF 1988, Art. 206). Naquele momento, o setor conservador no campo da educação reunia, basicamente, representantes de escolas privadas, confessionais e o empresariado educacional, todos unidos em torno de interesses privados e defendidos por constituintes do chamado "Centrão".

Desse modo, com a adição da palavra "público" depois de "ensino", o princípio da gestão democrática ficou valendo apenas para a educação pública. E com a substituição da frase "com participação de docentes, alunos, funcionários e comunidades" pela simples expressão "na forma da lei", seu sentido não foi especificado, deixando para legislações posteriores a definição de como esse princípio seria materializado. Isso veio a acontecer só oito anos depois de promulgada a Constituição Federal de 1988, com a aprovação da já mencionada LDB (1996), que em alguns de seus artigos trata de detalhar um pouco mais o princípio da gestão democrática. Mais recentemente, a Lei nº 14.644, de 2 de agosto de 2023, inseriu na LDB a obrigatoriedade da instalação de Conselhos Escolares, como veremos com mais detalhes no capítulo "A coordenação do trabalho coletivo".

Pode-se perceber que o texto legal, no caso, o texto constitucional referente à gestão educacional, é resultado de embates entre grupos com posicionamentos políticos divergentes. Por um lado, o grupo defensor de interesses públicos, da democratização do Estado e da educação foi vitorioso por conseguir inscrever o princípio da gestão democrática na Constituição. Por outro lado, o grupo conservador defensor de interesses privados também obteve suas vitórias, pois conseguiu cercear o alcance da gestão democrática (GD), restringindo-a à educação pública, além de adiar o detalhamento do princípio.

Convém destacar, ainda, que, enquanto setores progressistas defendiam a participação popular nas decisões do Estado e a GD na educação, a partir de meados dos anos 1980 avançava sobre o Brasil uma onda econômica liberal, inserida no âmbito internacional. Essa onda propunha a redução do aparelho público estatal, por meio do chamado Estado mínimo, que no Brasil resultou na reforma do Estado, implantada no primeiro mandato de Fernando Henrique Cardoso na presidência da República.

A proposição de Estado mínimo advém de setores da sociedade, normalmente elites detentoras do poder econômico, que defendem que, diante de recursos limitados, o Estado não deveria se envolver na produção e na provisão de certos bens e serviços, como bancos, correios, energia elétrica, abastecimento de água e saneamento básico, combustíveis etc. Do mesmo modo, só deveria investir a menor quantidade possível de recursos financeiros em serviços que garantam direitos sociais à população, como assistência social, previdência, saúde, educação, moradia etc.

Por decorrência, não deveria gerar ou pelo menos deveria reduzir estrutura própria para o fornecimento desses bens e a prestação desses serviços, com contratação de pessoal por concurso público, aquisição de espaços e equipamentos. Tudo isso poderia ser feito por meio da contratação de terceiros que prestassem tais serviços em nome do Estado. Supostamente, isso tornaria a máquina pública mais enxuta, mais eficaz e eficiente.

No Brasil, essas propostas ganharam força sobretudo a partir da presidência de Fernando Collor de Mello (1990-1992) e se consolidaram durante os dois mandatos de Fernando Henrique Cardoso (1995-2002), por meio da reforma do Estado capitaneada por Bresser Pereira, ministro da Administração e Reforma do Estado (1995-1998). Tal reforma resultou em legislações que flexibilizaram o papel do Estado na provisão de bens, serviços e direitos, em privatizações de empresas estatais e na possibilidade da contratação de terceiros para a realização de certos serviços, por meio das chamadas parcerias público-privadas.

Setores políticos e do campo educacional alinhados com essa onda procuraram influenciar a caracterização da GD na nova lei de diretrizes e bases da educação. Mais que isso, conseguiram imprimir sua compreensão de participação e GD na implementação das políticas educacionais. Na escola, esse entendimento está ligado principalmente à ideia de voluntariado, em que se espera que as famílias e demais membros da comunidade do entorno da escola doem recursos materiais, financeiros ou seu tempo para fazer certos serviços, como mutirão de limpeza, pintura, jardinagem etc. Nos órgãos centrais do sistema, passa por uma ideia de "democracia eficiente", ou seja, em que as decisões são tomadas de modo ágil por pequenos grupos de supostos especialistas. Assim, permanecem até os dias atuais práticas autoritárias "maquiadas" de gestão democrática na educação, no nível das escolas e dos sistemas.

Nos órgãos centrais do sistema, como nas Secretarias de Educação, um dos modos dessa maquiagem acontecer é pela instalação de comitês específicos para atuarem como corpos consultivos, normalmente pessoas ligadas ao mundo empresarial convidadas pelo titular da secretaria. Um exemplo é o CPE (Comitê de Políticas Educacionais), responsável pela elaboração das políticas educacionais junto à Secretaria de Educação do Estado de São Paulo (SEE-SP). Criado num processo de reorganização da SEE em 2011, o Comitê é composto por coordenadores da Secretaria e conta com a participação de organizações da sociedade civil ou de pessoas físicas, convidadas conforme a pauta da reunião.

Desse modo, cria-se uma aparência de participação social, quando na verdade está se ignorando as instâncias institucionais de participação, como, no caso, o Conselho Estadual de Educação, que tem representação de vários segmentos, eleitos ou indicados de forma autônoma por esses setores. Fica patente que o governo quer evitar embate com atores políticos que iriam questionar ou problematizar suas proposições, caso elas fossem submetidas à discussão realmente pública e democrática.

Outra prática constante é a elaboração conceitual das políticas de modo centralizado no gabinete da Secretaria, com participação do corpo burocrático e desses comitês de convidados especiais e sua imposição vertical para as escolas, a quem cabe apenas implementar o que foi pensado por instâncias superiores.

Esses exemplos foram trazidos aqui para mostrar que se a inserção da gestão democrática da educação pública como princípio constitucional é considerada uma conquista rumo à democratização da sociedade brasileira, ela é uma questão em permanente disputa. Ou seja, o fato de constar na lei não significa que ela está dada e "ganha", mas que precisa ser disputada todos os dias nas escolas e nos órgãos centrais do sistema educacional.

COMO SE CONFIGURA A GESTÃO DEMOCRÁTICA NA LEGISLAÇÃO

Conforme já informado no início deste capítulo, no inciso VIII de seu art. 3º, a LDB reitera o princípio da gestão democrática, especificando-o um pouco mais: "VIII - gestão democrática do ensino público, na forma desta Lei e da legislação dos sistemas de ensino". Esse trecho, então, afirma que o princípio vai se concretizar na forma do que estiver disposto na LDB e em legislações específicas dos sistemas de ensino.

Em seguida, o art. 12, que trata das incumbências das escolas, apresenta várias passagens relacionadas à gestão democrática, destacadas a seguir: "Art. 12. Os estabelecimentos de ensino, respeitadas as normas comuns e as do seu sistema de ensino, terão a incumbência de: I - elaborar e executar sua proposta pedagógica; VI - articular-se com as famílias e a comunidade, criando processos de integração da sociedade com a escola; VII - informar pai e mãe, conviventes ou não com seus filhos, e, se for o caso, os responsáveis legais, sobre a frequência e rendimento dos alunos, bem como sobre a execução da proposta pedagógica da escola".

O inciso I é importantíssimo em termos da concretização da gestão democrática, pois dá a escola *o direito e o dever* de elaborar sua proposta pedagógica, o que na linguagem corrente da gestão escolar veio a ser chamada mais comumente de PPP (projeto político-pedagógico). Isso significa que a escola deve ocupar um lugar de autoria do currículo, ou seja, dela se espera um papel ativo de formuladora e não apenas uma função reprodutora ou meramente executora de documentos curriculares elaborados pelas instâncias centrais do sistema de ensino. Ao mesmo tempo, isso não quer dizer que a escola pode elaborar sua proposta pedagógica de modo isolado e sem obedecer a qualquer regramento. Ao contrário, o trecho "respeitadas as normas comuns e as do seu sistema de ensino" dá os parâmetros dentro dos quais a escola poderá se mover.

Já os incisos VI e VII induzem as escolas para o trabalho de aproximação das famílias ou responsáveis pelos estudantes e com a comunidade em geral. Se o inciso VII procura comprometer familiares e responsáveis com a vida escolar dos estudantes, ao mesmo tempo deixa explícita que cabe à escola informar esses sujeitos sobre sua proposta pedagógica.

O art. 13, por sua vez, em seus seis incisos define seis incumbências das professoras e dos professores, das quais destacamos duas que têm mais a ver com a gestão democrática. "Os docentes incumbir-se-ão de: I - participar da elaboração da proposta pedagógica do estabelecimento de ensino; VI - colaborar com as atividades de articulação da escola com as famílias e a comunidade".

O inciso I tem um caráter inovador, pois a obrigatoriedade (que entendemos como direito e dever) de participar da elaboração da proposta pedagógica da escola coloca o professor em seu lugar legítimo, qual seja, de responsabilidade e autoria intelectual por seu trabalho, não individualmente, mas como parte de um coletivo que *pensa* e *cria* a educação e a escola, e não apenas *obedece* ou *executa* regras e um currículo definido em algum gabinete na administração central.

Já o inciso VI trata de indicar que a relação escola-família-comunidade não pode ficar sob responsabilidade exclusiva de uma pessoa que ocupe cargo ou função específica, por exemplo, a coordenação pedagógica. Para ser efetivada, essa relação precisa ser alimentada pelo conjunto de professoras e professores de uma escola.

No art. 14, a LDB delega aos sistemas de ensino a prerrogativa de definir normas do princípio constitucional da gestão democrática conforme suas características próprias, mas obedecendo dois subprincípios: o inciso I reitera a participação dos profissionais da educação na elaboração do projeto pedagógico. E aqui podemos entender que são todos os profissionais da escola, não somente professores. Já o inciso II determina que a comunidade escolar e local deve participar de conselhos escolares ou instâncias equivalentes. "Art. 14. Os sistemas de ensino definirão as normas da gestão democrática do ensino público na educação básica, de acordo com as suas peculiaridades e conforme os seguintes princípios: I - participação dos profissionais da educação na elaboração do projeto pedagógico da escola; II - participação das comunidades escolar e local em conselhos escolares ou equivalentes".

Assim, o art. 14 é de suma importância porque caracteriza ou materializa o princípio da gestão democrática pela via da participação efetiva dos dois segmentos que no art. 205 da CF 1988 constam como responsáveis pelo direito à educação. "Art. 205. A educação, direito de todos e *dever do Estado e da família*, será promovida e incentivada com a *colaboração da sociedade*, visando ao pleno desenvolvimento da pessoa, seu preparo para o exercício da cidadania e sua qualificação para o trabalho" (grifos nossos).

Se a educação é direito de todos, ela é dever do Estado e da família, em colaboração com a sociedade. Na articulação entre o art. 14 da LDB e o art. 205 da CF, entendemos que os profissionais da educação são a categoria especializada, ou seja, profissionalizada por meio de formação específica, mas não o único setor com o privilégio de definir os rumos da escola, o que deve ser feito em parceria com a comunidade escolar (família) e local (sociedade).

Por fim, o art. 15 é uma promessa de instituição da gestão democrática também nas relações entre as escolas e as instâncias da administração dos sistemas ou redes às quais estão vinculadas. "Art. 15 Os sistemas de ensino assegurarão às unidades escolares públicas de educação básica que os integram progressivos graus de autonomia pedagógica e administrativa e de gestão financeira, observadas as normas gerais de direito financeiro público". Podemos entender que esse artigo é corriqueiramente descumprido quando os órgãos centrais da administração pública do ensino tomam e baixam medidas sem a participação das escolas, para que estas simplesmente as cumpram.

Além da Constituição Federal e da LDB, a gestão democrática aparece no Plano Nacional de Educação (PNE). Na sua atual versão, instituído pela Lei nº 13.005/2014, o PNE reafirma o princípio da GD em um dos incisos de seu art. 2º, que estabelece as diretrizes do Plano: "VI - promoção do princípio da gestão democrática da educação pública". Depois, no art. 9º, o PNE estabelece um prazo para que as esferas locais do Estado criem ou adequem leis específicas para a GD: "Art. 9º Os Estados, o Distrito Federal e os Municípios deverão aprovar leis específicas para os seus sistemas de ensino, disciplinando a gestão democrática da educação pública nos respectivos âmbitos de atuação, no prazo de 2 (dois) anos contado da publicação desta Lei, adequando, quando for o caso, a legislação local já adotada com essa finalidade".

A partir daí a GD aparece no anexo da lei, que traz 20 metas e suas respectivas estratégias para a educação nacional. A primeira menção da GD ocorre na meta 7, que estabelece patamares de qualidade da educação básica. Nesse caso, a GD consta na estratégia 7.4, que trata da autoavaliação das unidades escolares: "7.4) induzir processo contínuo de autoavaliação das escolas de educação básica, por meio da constituição de instrumentos de avaliação que orientem as dimensões a serem fortalecidas, destacando-se a elaboração de planejamento estratégico, a melhoria contínua da qualidade educacional, a formação continuada dos (as) profissionais da educação e o *aprimoramento da gestão democrática*" (grifo nosso).

Ainda na meta 7, a GD aparece na estratégia 7.16, que relaciona a necessidade de recursos financeiros, participação da comunidade e GD: "7.16) apoiar técnica e financeiramente a gestão escolar mediante transferência direta de recursos financeiros à escola, garantindo a participação da comunidade escolar no planejamento e na aplicação dos recursos, visando à ampliação da transparência e ao *efetivo desenvolvimento da gestão democrática*" (grifo nosso).

Colocar a gestão democrática como componente da qualidade educacional pode ser considerado um grande avanço na lei do PNE, porque atende ao pressuposto da qualidade em educação como um conceito amplo, não restrito apenas a resultados como "boas notas" nas provas da escola ou nos testes externos de larga escala.

Além dessa relação direta entre GD e qualidade da educação básica, o PNE reserva uma meta específica para a gestão democrática, a 19, que prevê oito estratégias para seu cumprimento. "Meta 19: assegurar condições, no prazo de 2 (dois) anos, para a efetivação da gestão democrática da educação, associada a critérios técnicos de mérito e desempenho e à consulta pública à comunidade escolar, no âmbito das escolas públicas, prevendo recursos e apoio técnico da União para tanto". De modo geral, as estratégias tratam de repasse de recursos, formação de conselheiros e gestores, apoio à implementação de conselhos escolares e grêmios estudantis, participação na elaboração do PPP etc.

Na tramitação do projeto de lei que deu origem a esse último PNE, houve muitas disputas entre setores com concepções de educação e de sociedade diferentes ou mesmo divergentes, o que é comum na definição de qualquer texto legal, como já mencionado. No caso da meta 19, a inserção da expressão "associada a critérios técnicos de mérito e desempenho" foi feita por pressão de grupos alinhados a uma visão tecnocrática de gestão educacional, que privilegia eficiência, eficácia e produtividade. Ao mesmo tempo, a expressão "consulta pública à comunidade escolar" transmite a ideia de meramente consultar a opinião dos diferentes segmentos escolares e não promover a discussão entre eles para a formulação de propostas e tomada de decisões. No mais, fica a dúvida sobre a que se aplicariam efetivamente os tais critérios técnicos de mérito e desempenho. O texto parece se referir à escolha de pessoas para o cargo ou função de direção escolar, como se a gestão se resumisse a isso.

Ainda assim, é preciso reconhecer a conquista de se colocar a gestão democrática como meta do Plano Nacional de Educação, o que se reflete nas estratégias, e que tem impacto na elaboração dos planos similares no nível do DF, dos Estados e municípios. Cabe lembrar, ainda, que no Plano anterior (Lei nº 10.172/2001), a GD aparecia de modo irrelevante, colocada como elemento de vivência na formação de professores, mencionada como algo a ser implementado pelos sistemas de ensino no capítulo sobre financiamento e gestão, e definida como objetivo e meta do subitem "Gestão": "22. Definir, em cada sistema de ensino, normas de gestão democrática do ensino público, com a participação da comunidade". Todo esse histórico reforça a defesa da gestão democrática como componente indispensável da qualidade da educação pública.

DESTRINCHANDO E DEFININDO A GESTÃO DEMOCRÁTICA

O princípio da gestão democrática pode dar margem a várias e mesmo divergentes interpretações e, em sua operacionalização, pode se converter inclusive em práticas pouco e até antidemocráticas. Isso porque a democracia está sempre em disputa. Como já vimos no início deste capítulo, o princípio da GD não foi inscrito no texto da Constituição exatamente do modo como seus proponentes idealizaram. Uma vez na legislação, sua implementação fica sujeita às diferentes compreensões que circulam no campo educacional sobre o que é gestão democrática, sempre influenciadas por interesses econômicos e projetos distintos de sociedade.

A literatura sobre o assunto mostra que o princípio da GD se sustenta em pressupostos como participação, trabalho coletivo, descentralização e autonomia. E se realiza por meio da existência de dispositivos como eleições, entidades ou instâncias de representação, colegiados, consultas públicas, assembleias. Cada um desses pressupostos, por sua vez, precisa também ter seus significados regularmente discutidos e definidos, pois seus sentidos não são únicos, fixos e tampouco consensuais. Os dispositivos igualmente necessitam de discussões e acordos sobre seu funcionamento.

O pressuposto da participação implica engajamento de todas as pessoas "elegíveis", isto é, membros da comunidade escolar, seja individualmente, seja como representantes de segmentos, nos processos de discussão, formulação, implementação e avaliação de ações e projetos dentro da escola, especialmente o chamado projeto político-pedagógico, que funciona como um guia orientador da unidade escolar. Basicamente, significa participar efetivamente das decisões, não só de sua fase "final" (a hora do voto, por exemplo, ou a hora de "fazer a coisa acontecer", como limpar e pintar a escola), mas de todo o processo que culmina na decisão e, ainda, que leva à sua concretização. Em suma, participação não pode ser entendida apenas como consulta ou colaboração, mas como *tomar parte* nas decisões e acompanhar sua execução.

A expressão "trabalho coletivo" está intimamente relacionada à participação e indica que a gestão educacional, para ser democrática, implica o engajamento da coletividade da escola. A GD não é tarefa exclusiva de uma pessoa no cargo de direção, ainda que assistida por outros cargos e funções. Novamente, a LDB serve de amparo, quando determina que profissionais da educação devem participar da elaboração da proposta pedagógica da escola e a comunidade deve tomar parte de conselhos (art. 14).

Descentralização tem a ver com a distribuição de poder (político, financeiro, administrativo, pedagógico) do centro para as bordas do sistema educacional ou de cima para as bases. Isso significa romper com uma lógica em que as concepções, formulações e decisões das políticas educacionais ficam a cargo de instâncias "superiores", como os gabinetes dos ministérios e secretarias, enquanto às escolas cabe apenas executar o que foi concebido, formulado e decidido por agentes externos.

Autonomia, por sua vez, diz respeito à possibilidade de uma instância, instituição ou corpo político, no caso a escola, definir, a partir de dentro, regras para o funcionamento de seu governo e para a tomada de suas decisões, não de modo isolado ou contrariando leis e normas mais gerais. Lembremos do art. 12 da LDB, que destaca: "respeitadas as normas comuns e as do seu sistema de ensino". Aqui, autonomia se contrapõe à heteronomia, que significa conjunto de normas, leis, valores definidos externamente, por terceiros, e que se impõe sobre determinado grupo.

No que diz respeito aos dispositivos por meio dos quais a gestão democrática pode ser operacionalizada, os mais comuns, conforme já apontado, são eleições, entidades ou instâncias de representação, colegiados, consultas públicas, assembleias.

Na escola, o sistema eleitoral pode se aplicar à escolha de dirigentes (direção), em que toda a comunidade escolar vota em candidaturas e seus respectivos programas ou propostas para a unidade. Envolve também a escolha de representantes de cada setor ou segmento para compor entidades ou instâncias de representação e órgãos colegiados. Por exemplo: as e os estudantes se organizam para a implementação do grêmio estudantil e para votar nas chapas candidatas à diretoria do grêmio.

Órgãos colegiados são instâncias de governo compartilhado, como os Conselhos de Escola, que se diferem da noção de governo autocrático, isto é, concentrado numa única pessoa, como a figura do diretor ou diretora. Para compor o Conselho, é preciso também haver eleição, sendo que cada segmento vota nos seus próprios representantes, como estudantes, familiares, professores e funcionários.

As consultas públicas são como plebiscitos, ou seja, é a captação da opinião ou vontade da comunidade escolar sobre algum assunto específico, o que normalmente se faz por meio de votação.

Assembleias podem ser consideradas como práticas de democracia direta, pois reúnem o conjunto de representados, seja por segmento, seja pela totalidade da comunidade escolar, para discutir e decidir sobre questões importantes. Por exemplo: pode haver uma assembleia apenas de estudantes, convocada pelo grêmio estudantil, para discutir e votar um assunto de interesse específico do corpo discente. Mas o Conselho de Escola também pode convocar uma assembleia geral, juntando todos os segmentos (estudantes, professores, demais funcionários, familiares etc.) para o debate e a decisão de algum assunto de interesse geral.

É possível perceber que os quatro pressupostos precisam andar juntos para a realização de uma gestão escolar verdadeiramente democrática. Também podemos concluir que vários tipos de dispositivos precisam ser acionados na operacionalização da gestão democrática. E embora sejam categorias de natureza diferente (os pressupostos são fundamentos sustentadores e os dispositivos são procedimentos operacionais), ambos mantêm certa interdependência.

COMO SE PRATICA E SE APRENDE DEMOCRACIA NA ESCOLA?

Poderíamos imaginar que o aprendizado da democracia se daria em algum componente curricular específico (o que se chamava até bem pouco tempo de "disciplina") e isso não está descartado como uma das possibilidades. Mas o fato é que a democracia (ou a falta dela) está presente nos mínimos detalhes do cotidiano da escola, na sala de aula, no pátio, na quadra, no refeitório, na sala de professores, na secretaria, na sala da diretoria...

Na escola, todos os dias se reproduzem cultura, valores, comportamentos... O termo "reproduz" pode dar a ideia de que a instituição escolar apenas repete a ordem social já estabelecida, ou seja, a ordem dominante. Mas a escola não é só passiva. A partir de sua função específica, isto é, como instituição criada pelo ser humano encarregada da educação formal, a escola não só reproduz uma ordem estabelecida fora dela, na sociedade. Ela também produz cultura (a chamada cultura escolar), colaborando para fortalecer a ordem social vigente ou para questioná-la, contribuindo para sua transformação.

Por exemplo: da primeira Constituição brasileira (Império, 1824) até 1887 havia leis nacionais e das províncias que proibiam as pessoas escravizadas e mesmo pretos livres ou libertos de frequentar a escola. Aquela que é considerada nossa "primeira LDB", a primeira lei geral de educação no Brasil, Lei nº 1, de 14 de janeiro de 1837, afirmava a proibição de frequência às escolas públicas para pessoas "que padecem de moléstias contagiosas" e para "os escravos e os pretos africanos, ainda que sejam livres ou libertos".

Mas o fato é que muitos professores e professoras, mesmo brancos, desobedeciam a lei, permitindo o ingresso de alunos negros em suas salas, em várias províncias brasileiras. Isso sem falar nas iniciativas de pessoas negras para viabilizar escola para seu povo. Podemos citar o professor Pretextato dos Passos e Silva, que se autodeclarava preto, e criou, em 1853, uma escola particular exclusiva para meninos negros no Rio de Janeiro.

Outro exemplo é que naquela época também se proibia as salas compostas por meninos e meninas. Novamente, houve mestras e mestres que contrariavam a lei, caso da escritora e professora Maria Firmina dos Reis, filha e neta de escravizadas alforriadas, que, em 1880, abriu a primeira escola mista no estado do Maranhão.

Assim, retornamos ao ponto inicial: a escola é o local mais propício para o exercício da democracia, isto é, para seu aprendizado prático, por meio das vivências cotidianas, que envolvem embates, disputas, divergências e conflitos na busca de soluções para os problemas e questões que são de todas as pessoas da comunidade escolar e do território. E a concretização do princípio constitucional da gestão democrática tem se apresentado como a melhor estratégia para essa prática e aprendizado.

Direção escolar e coordenação pedagógica

Este capítulo traz um apanhado histórico curto sobre os dois principais cargos responsáveis pela gestão em unidades escolares no Brasil – direção escolar e coordenação pedagógica. Apresenta também suas atribuições, problematizando a organização de sua rotina de trabalho, com depoimentos de profissionais.

A DIREÇÃO

O cargo ou função de direção escolar em nosso país remonta à passagem das chamadas escolas de "primeiras letras" para os denominados "grupos escolares", no período do Brasil Imperial (1822-1889). As primeiras eram conduzidas por "mestres-escolas", que normalmente abriam salas em suas próprias residências e tinham autonomia para definir montagem da turma (misturavam crianças de várias idades e níveis de conhecimento), horários, métodos, programas, livros a serem utilizados etc. Já os grupos escolares, criados na fase final do período imperial, em 1893, funcionavam em edifícios próprios, com várias salas e vários professores, iniciando a divisão de séries.

O Estado de São Paulo foi o pioneiro na instalação dos grupos escolares, que reuniam as escolas isoladas de primeiras letras próximas entre si. Depois se espalharam pelo país, inicialmente em núcleos urbanos. A direção passa a ser necessária nesses novos agrupamentos de escolas, pois, antes, nas escolas isoladas, cada mestre-escola se encarregava tanto do ensino quanto da administração de sua sala.

De acordo com pesquisas sobre o tema, a figura da direção escolar aparece de modo explícito pela primeira vez na legislação no Decreto nº 1.331, de 17 de fevereiro de 1854. Este decreto estabelecia a reforma do ensino primário e secundário do "Município da Corte", ou seja, o Rio de Janeiro. Há uma sequência de artigos, do 102 ao 111, que regulamentam o exercício do "director", palavra assim grafada à época.

O art. 102, por exemplo, estabelecia que o diretor de um estabelecimento de instrução deveria ser maior de 25 anos de idade e declarar o programa dos estudos e o projeto de regulamento interno de seu estabelecimento, como também a localidade, os cômodos e sua situação em termos de estrutura física, além dos nomes e habilitações dos professores. O art. 108 determinava que colégios de meninas só poderiam ser regidos por mulheres que provassem "as condições exigidas para professoras públicas". Além dos exames oral e escrito sobre o conteúdo das disciplinas que fossem lecionar e seus métodos de ensino, aplicados a todas as pessoas candidatas ao magistério, as condições exigidas para mulheres serem professoras tinham a ver com seu estado civil (art. 16) e com suas habilidades de costura (art. 19). Para ser diretora, também era preciso atender a todas essas exigências.

Durante todo o Império, a ascensão à função de diretor se dava por indicação política, por exemplo, do governador da província, o que prosseguiu com o advento da República (quando províncias se tornaram estados) e persiste nos dias atuais, como veremos mais adiante. Assim, ser escolhido diretamente pelo chefe maior do governo significava um fator de distinção, quase uma honraria, e o diretor encarnava o poder do Estado. Pode-se supor que as pessoas escolhidas para essa função advinham das camadas de elite da época, pois transitavam no espectro das relações de poder político. Assim, adentravam as escolas com a tarefa de representar os interesses do chefe político de plantão e das oligarquias que sustentavam o poder desse último, ou seja, deveria agir para, a partir da escola, manter a ordem social vigente.

É preciso lembrar que a estrutura administrativa do Estado brasileiro em todos os seus níveis (federal, estadual, distrital e municipal) e áreas foi construída sobre o patrimonialismo e a oligarquia, heranças da administração colonial portuguesa, por sua vez um modo de organização e funcionamento dos estados absolutistas europeus.

Patrimonialismo | Oligarquia

O patrimonialismo é o exercício do poder estatal em que os detentores do poder utilizam e distribuem os bens públicos como se fossem sua propriedade privada. A oligarquia, por seu turno, é o regime em que o poder é exercido por um pequeno grupo de pessoas, da mesma classe ou camada social, família, partido político.

Patrimonialismo e oligarquia geram nepotismo e personalismo político. Pelo nepotismo (do latim *nepos,* que significa descendente), os detentores do poder beneficiam seus familiares sobretudo pela distribuição de cargos públicos. Pelo personalismo político, o Estado vai sendo dominado por uma trama ou uma rede de relações viciosas caracterizadas pelas trocas de favores e conchavos que resultam, por exemplo, no favorecimento de determinadas empresas em licitações públicas.

Ou seja, quem adentrava as carreiras do Estado eram pessoas letradas, em sua maioria homens brancos, herdeiros das oligarquias locais, que faziam o Estado funcionar segundo os interesses de sua classe ou camada social de origem.

Como resultado de embates políticos em torno de um modelo democrático de Estado, a determinação de que o provimento dos cargos do magistério oficial se desse por concurso público foi inserida pela primeira vez no texto da Constituição Federal de 1934, em seu art. 158: "Art. 158 – É vedada a dispensa do concurso de títulos e provas no provimento dos cargos do magistério oficial, bem como, em qualquer curso, a de provas escolares de habilitação, determinadas em lei ou regulamento". Isso se tornou um dos princípios da educação nacional na Constituição de 1988: "valorização dos profissionais da educação escolar, garantidos, na forma da lei, planos de carreira, com *ingresso exclusivamente por concurso público* de provas e títulos, aos das redes públicas" (CF 1988, art. 206, inc. V, grifo nosso).

No entanto, patrimonialismo e fortes resquícios da cultura oligárquica ainda estão presentes no Brasil e um dos indicadores disso é o fato de que o acesso ao cargo de direção escolar ainda se dá por indicação política em muitos estados e municípios. Pesquisa recente mostra que isso acontece em 48% dos casos, mesmo que a indicação seja conjugada com algum outro critério. Nessa condição, as diretoras e os diretores terminam por se sentir devedores dos políticos que os indicaram e não servidores da escola onde foram lotados.

Somando-se a esse fato, a sociedade brasileira ainda se debate com uma cultura autoritária obsoleta, herança de um processo colonizatório brutal e escravocrata, em que pessoas em posição de comando são investidas de um poder abusivo, autorizadas a "mandar e desmandar" e até mesmo maltratar quem está hierarquicamente abaixo delas. Não estou afirmando que diretores escolares necessariamente agem desse modo, mas pode haver resquícios desse autoritarismo em alguns comportamentos.

Na escola a direção não deve estar a serviço de reproduzir a cultura de mando e submissão que ainda impera na sociedade em geral. Embora muitas vezes a diretora ou o diretor tenha de agir de modo enérgico, autoridade não pode ser confundida com autoritarismo. Dentre tantas atribuições da direção escolar, a principal é ser capaz de criar um clima de diálogo, cooperação e respeito que propicie o trabalho coletivo e, com isso, faça de toda a equipe escolar um coletivo de trabalho.

Sabemos que não é nada fácil alcançar esse patamar, pois de modo geral as condições efetivas de trabalho nas redes públicas e mesmo em boa parte das escolas privadas em todo o Brasil não são favoráveis. Além disso, em razão da já mencionada cultura autoritária de nossa sociedade, os demais membros da equipe escolar muitas vezes esperam e mesmo aplaudem um certo autoritarismo por parte da direção. Então, o grande desafio da direção é admitir o poder que lhe cabe, não negá-lo ou disfarçá-lo, mas exercê-lo *a serviço da comunidade escolar*, em prol da garantia do direito humano à educação para o público que frequenta a escola.

E isso não se faz por meio de autoritarismo ou de abuso do poder, mas pela construção paulatina do que Paulo Freire chamava de "autoridade democrática". Ou seja, admitindo o poder que lhe é investido, a direção precisa entender que vai lidar com confronto de ideias e conflitos na equipe. Muitas vezes, vai precisar lidar com comportamentos de colegas que questionam sua autoridade, diretamente ou de modo sutil.

Diante dessas situações, o melhor a fazer é construir um caminho próprio que fuja de dois extremos muito comuns no exercício da função de direção escolar: de um lado, entender direção democrática como espontaneísmo, ou seja, cada um faz o que bem entender; de outro lado, o autoritarismo, isto é, a direção alega que é a responsável legal pela escola e, por isso, pode impor suas vontades. Há variações desses extremos. Uma delas é a tentativa inglória de agradar a todos, ou não saber dizer não, tornando-se refém de jogos de manipulação. Outra é a autodesresponsabilização, quando a direção se porta apenas como emissária das ordens que vêm das instâncias superiores, sem problematizá-las, sem buscar outras interpretações possíveis.

Atribuições da direção escolar

As pesquisas sobre o tema mostram que, em suas origens, a direção escolar foi criada com funções primordialmente administrativas, de fiscalização e controle sobre o trabalho dos professores. Conforme reportado aqui, como representantes do poder do Estado, os diretores passaram a exercer dentro de cada escola o papel que antes os inspetores gerais desempenhavam junto a grupos de unidades escolares, demasiadamente centrado na fiscalização e no controle.

No entanto, com o passar do tempo, movimentos críticos ao tradicionalismo na educação brasileira vieram a defender a importância de que a direção se ocupasse também de questões pedagógicas, ou melhor ainda, que considerassem as dimensões pedagógicas em suas práticas administrativas. É daí que surgem as primeiras propostas de formação específica para direção escolar, que passam a ser incorporadas nos cursos de formação de professores.

Até hoje, essa equação entre dimensão pedagógica e dimensão administrativa não foi plenamente resolvida e as tensões entre esses dois âmbitos são constantes no exercício do cargo da direção escolar no Brasil. Isso pode ser constatado nas descrições das atribuições do cargo de direção em muitas redes de ensino. Vejamos.

Na Prefeitura de São Paulo, o Decreto nº 54.453/2013 estabelece 17 competências (art. 5º) e outras 17 atribuições (art. 6º) para o diretor de escola. Curiosamente, a descrição é quase a mesma no art. 52 da Lei Complementar nº 169/2014 do município de Fortaleza, válida para as escolas da rede municipal. A única diferença é que na referida lei há um item a mais nas atribuições, pelo acréscimo do inciso XVIII, que delega ao diretor a responsabilidade por presidir a unidade executora da escola. Não vamos discutir aqui essa "coincidência", tampouco listar cada uma das competências e atribuições, mas destacaremos sua diversidade a partir de uma seleção.

Dentre as competências, há itens como "controlar a frequência diária dos servidores, atestar a frequência mensal, responder pelas folhas de frequência e pagamento do pessoal"; "organizar a escala de férias"; "gerenciar e atestar a execução de prestação de serviços terceirizados"; "encaminhar mensalmente, ao Conselho de Escola, a prestação de contas sobre a aplicação dos recursos financeiros". Dentre as atribuições, aparecem pontos como: "coordenar a elaboração do projeto político-pedagógico, acompanhar e avaliar a sua execução em conjunto com a comunidade educativa e o Conselho de Escola"; "possibilitar a introdução das inovações tecnológicas nos procedimentos administrativos e pedagógicos da unidade educacional"; "prover as condições necessárias para o atendimento aos alunos com deficiência, transtornos globais do desenvolvimento e altas habilidades/superdotação"; "implementar a avaliação institucional da unidade educacional".

Como se pode depreender dos exemplos listados, à direção da escola cabem tarefas muito distintas, parte delas mais ligada a atividades-meio ("puramente" administrativas), outra parte relacionada a atividades-fim (com finalidades pedagógicas). Os estudos realizados em escolas de várias partes do país mostram que, diante dessas múltiplas exigências, as equipes terminam por se dividir em frentes de trabalho, com diretoras e diretores assumindo as tarefas de caráter mais burocrático, uma vez que eles são os responsáveis legais pela unidade escolar, e deixando para a coordenação pedagógica as atividades de teor mais pedagógico.

Essa dicotomia entre atividades-meio e atividades-fim na gestão educacional e esse tipo de divisão de trabalho entre direção e coordenação não têm sido vistos com bons olhos pelos estudiosos da área. Cada vez mais as pesquisas comprovam que diretoras e diretores que são educadores antes de serem gestores e, mais, que têm compromisso com o princípio constitucional da gestão democrática são também mais bem-sucedidos em implementar projetos de transformação de suas escolas rumo à qualidade socialmente referenciada, o que inclui o aprendizado de estudantes.

Além disso, também ainda são marcantes as características anteriormente discutidas, como autoritarismo, hierarquia, controle, fiscalização, resquícios que foram se sedimentando ao longo do tempo e muitas vezes estão presentes na prática de qualquer diretor ou diretora, independentemente de como chegaram ao cargo, isto é, por indicação política, concurso ou eleição, no caso das redes públicas.

Mas a busca pela modificação desse estado de coisas também é grande, alinhada às lutas pela democratização da sociedade, com reflexões e proposições por parte de movimentos, associações, sindicatos, coletivos e grupos de educadores, estudiosos e pesquisadores ligados à academia ou a outras instituições. Em muitas redes, o provimento do cargo por meio de concursos públicos e de eleições também favoreceu o ingresso de pessoas com perfis diversificados e muitos são as e os profissionais ocupando cargos ou exercendo a função de direção em compromisso com a construção de uma escola democrática e com uma educação emancipadora.

A COORDENAÇÃO PEDAGÓGICA

A figura da coordenação pedagógica tem sua gênese ainda à época do Brasil Colônia, nos cargos de inspeção e, depois, de supervisão escolar. Se hoje suas atribuições são muito distintas das que estiveram em sua origem, alguns resquícios ainda se fazem presentes.

Quando os jesuítas dominavam a educação no período colonial, sobretudo nos então chamados colégios, destinados à formação das elites, havia o ofício de prefeitos, com subdivisões várias, de acordo com a seguinte hierarquia: prefeito geral de estudos, prefeito principal, prefeito de estudos inferiores, prefeito de disciplina. O prefeito geral de estudos estava logo abaixo do reitor e a ele cabia aconselhar os professores, acompanhar as aulas, supervisionar as regras gerais. O prefeito principal era responsável pelo nível de estudos superiores, enquanto o prefeito de estudos inferiores era encarregado do nível ginasial. O prefeito de disciplina era um tipo de auxiliar do prefeito de estudos inferiores, cabendo-lhe auxiliar no disciplinamento dos alunos. O prefeito geral, portanto, exercia um papel controlador e prescritivo sobre a prática dos professores, pois a ele cabia verificar se esses últimos agiam de acordo com um extenso e rígido sistema de regras que vigorava sob a educação jesuítica, o chamado *Ratio Studiorum.*

Em 15 de outubro de 1827, o imperador D. Pedro I baixou aquela que ficou conhecida como a primeira lei geral de educação do Brasil, determinando a criação de escolas de primeiras letras em todas as cidades, vilas e lugares mais populosos do Império. De acordo com essa lei, os presidentes das províncias, por meio do Conselho da Presidência da Província e do Conselho Geral da Província, concentravam grande parte do poder administrativo sobre a criação e a manutenção dessas escolas de primeiras letras. A eles caberia fechar escolas em localidades pouco populosas e transferir professores para as novas escolas, abertas em locais de maior população, realizar exames públicos para a admissão de docentes e provisão nos cargos e regular sua remuneração.

Com a passagem do Império para a República, é no período do Estado Novo (1937-1945) que se encontram os primeiros registros sobre a existência da figura da inspeção escolar. O inspetor tinha como atribuição principal acompanhar o funcionamento das escolas, as quais visitava regularmente e produzia relatórios sobre o que observava para as instâncias superiores.

No estado de Santa Catarina, por exemplo, o Decreto nº 3.733, de 1946, regulamentou o serviço de inspeção escolar, com um texto que explicita um espírito de rígido controle sobre o trabalho docente. Prevaleciam aí princípios da racionalidade técnica, também chamada de tecnicismo, como superioridade e hierarquia (o inspetor necessariamente saberia mais do que o professor), prescrição restritiva (seria necessário seguir estritamente um certo modelo de aula) e transferência direta de saberes (do inspetor para os professores).

É bom lembrar que essa racionalidade técnica estava presente também na formação de ensino superior. Naquela época e até meados dos anos 1960, a licenciatura em Pedagogia destinava-se à formação de professores regentes, isto é, de sala de aula, enquanto o bacharelado formava pedagogos generalistas para atuação em funções técnicas, entre elas a supervisão.

Na década de 1960, em plena ditadura militar, outra característica da racionalidade técnica se acentuou na formação dos profissionais da educação: a fragmentação do trabalho. Ou seja, aumentou a diferença entre os que pensam e detêm as concepções e, por isso, possuem poder de mando, e os que apenas executam as tarefas, ou obedecem. O curso de bacharelado em Pedagogia foi descontinuado, mas foram criadas cinco habilitações na licenciatura, que além de formar o pedagogo para a regência no ensino primário, passou a formar também especialistas para orientação educacional, administração, supervisão e inspeção escolar.

Na fase posterior à ditadura militar, as lutas de educadoras e educadores por democracia no Brasil e no sistema educacional conseguiram derrubar essa formação fragmentada. Atualmente, a LDB determina que a formação para funções de administração e apoio pedagógico seja feita no curso de Pedagogia ou em nível pós-graduação (LDB nª 9.394/1996, art. 64). A atual LDB também estabeleceu no parágrafo primeiro de seu art. 67 que, para exercer funções de direção de unidade escolar, coordenação ou assessoramento pedagógico, é preciso ter experiência como professor regente, ou seja, de sala de aula.

Como a própria denominação supõe, o serviço de coordenação pedagógica não é mais de ordenar, no sentido de dar as ordens de modo unívoco, mas de "ordenar junto", *co-ordenar*. Ela surge, então, com um caráter primordialmente integrador do trabalho coletivo na escola. A pessoa que está na coordenação pedagógica é aquela que, por conhecer o trabalho de cada docente, pode propor a integração entre eles.

No entanto, na prática, a coordenação pedagógica ainda se encontra muito associada à ideia de *super-visão*, isto é, de alguém que olha para o trabalho docente a partir de um ponto de vista externo, superior, de controle e fiscalização. Devido à mentalidade autoritária que ainda persiste na sociedade brasileira e também às solicitações de Secretarias de Educação, esse tipo de expectativa não está somente nas pessoas que ocupam o cargo ou função de coordenação, mas muitas vezes nos demais professores.

A professora Natália Tazinazzo, coordenadora pedagógica concursada da rede municipal de São Paulo, relatou em sua tese de doutorado que, ao chegar no CEI Jd. São Joaquim, no bairro de mesmo nome, periferia da zona sul paulistana, no início de 2021, foi perguntada pela equipe como gostaria que as coisas fossem a partir dali. Ela então respondeu que queria ver o projeto político-pedagógico (PPP) da unidade e dialogar com a equipe para decidirem juntas o modo de trabalho, o que foi se dando aos poucos, à medida em que ela foi conhecendo cada educadora e a comunidade escolar.

Hoje, o CEI tem um PPP elaborado coletivamente, com participação das famílias, por meio de depoimentos, questionários e consultas. Os demais segmentos e toda a equipe da unidade também estão presentes no PPP, pois cada pessoa respondeu a uma mesma pergunta que embasa um parágrafo de apresentação. Além disso, o texto e as concepções que o sustentam foram e continuam sendo discutidos nas reuniões da equipe.

Esse é só um exemplo que demonstra que é preciso e possível consolidar nas políticas públicas, nas práticas pedagógicas e na cultura escolar uma visão de coordenação pedagógica com um espírito de mediação, parceria, apoio e acompanhamento ao trabalho docente.

Atribuições da coordenação pedagógica

As pesquisas sobre coordenação pedagógica vêm mostrando que, ao longo do tempo, a função tem passado por enorme acúmulo e diversificação de tarefas que lhe são exigidas. Relatos de educadoras e educadores na função revelam que isso termina por dificultar uma ação planejada e a dedicação mais concentrada à elaboração, implementação e avaliação do PPP e aos processos de formação em serviço dos professores.

Vamos comparar as atribuições desse cargo nas redes municipais de São Paulo e de Fortaleza. Em São Paulo, são 19 atribuições para esse profissional e em Fortaleza são 15. Para uma mostra dessa diversidade, o Quadro 1 apresenta a seleção de alguns trechos dos dois casos.

Quadro 1 – Atribuições da Coordenação Pedagógica nas redes municipais de Fortaleza e São Paulo (trechos selecionados)

Atribuições Coordenação Pedagógica – São Paulo (Decreto nº 54.453, de 10 de outubro de 2013), art. 11	Atribuições Coordenação Pedagógica – Fortaleza (Lei Complementar nº 169, de 12 de setembro de 2014), art. 55
• Coordenar a elaboração, implementação e avaliação do projeto político-pedagógico da unidade educacional. • Elaborar o plano de trabalho da coordenação pedagógica, articulado com o plano da direção da escola, indicando metas, estratégias de formação, cronogramas de formação continuada. • Promover a análise dos resultados das avaliações internas e externas. • Analisar os dados referentes às dificuldades nos processos de ensino e aprendizagem. • Planejar ações que promovam o engajamento da equipe escolar na efetivação do trabalho coletivo. • Acompanhar e avaliar o processo de avaliação nas diferentes atividades e componentes curriculares. • Participar da elaboração, articulação e implementação de ações, integrando a unidade educacional à comunidade e aos equipamentos locais de apoio social. • Promover e assegurar a implementação dos programas e projetos da Secretaria Municipal de Educação. • Participar das diferentes instâncias de discussão para a tomada de decisão quanto à destinação de recursos materiais, humanos e financeiros. • Participar dos diferentes momentos de avaliação dos alunos com deficiência, transtornos globais do desenvolvimento e altas habilidades/superdotação. • Orientar, acompanhar e promover ações que integrem estagiários, cuidadores e outros profissionais.	• Coordenar a elaboração e/ou revisão, bem como acompanhar a execução e avaliação da proposta político-pedagógica da escola. • Elaborar e cumprir o plano de trabalho da coordenação pedagógica da escola, em articulação com a direção escolar. • Coordenar com equipe o processo ensino-aprendizagem, em sua totalidade, assegurando aos professores o suporte didático e operacional necessário, inclusive quanto à construção de novas práticas pedagógicas. • Acompanhar, sistematicamente em articulação com os professores e a direção escolar, os indicadores de rendimento da aprendizagem, identificando alunos com dificuldade de aprendizagem e/ou defasagem idade-série, encaminhando estratégias de superação do problema. • Colaborar, em articulação com o Conselho Escolar, com as atividades que envolvam as famílias e a comunidade externa. • Participar, na esfera de sua competência, do planejamento e acompanhamento das ações formativas voltadas aos professores. • Orientar o trabalho dos professores na elaboração, execução e avaliação dos planos de ensino. • Assessorar a escolha e avaliar livros e materiais didáticos solicitados e/ou produzidos pelos professores.

Fonte: Elaborado pela autora, com informações do decreto e da lei complementar indicados no topo do quadro.

Pode-se perceber, a partir do quadro, que a coordenação tem pelo menos quatro grandes tipos de atribuições, todas sob o guarda-chuva de zelar pelo PPP: formação continuada ou em serviço dos professores, acompanhamento do trabalho docente, relações com a comunidade, acompanhamento dos processos avaliativos do desempenho de estudantes. Quando se olha o quadro, imagina-se que parece fácil planejar a realização dessas ações ao longo do ano letivo.

No entanto, as pessoas nessa função relatam que em seu trabalho cotidiano são praticamente "abduzidas" por múltiplas demandas de emergência. São coisas como atender familiares de estudantes por razões das mais variadas; atender professores com casos de indisciplina estudantil; lidar com estudantes envolvidos nesses casos; atender situações de desavenças entre estudantes; encaminhar casos de abusos e violências sofridas por estudantes fora da escola, mas que interferem em sua vida escolar; levar estudantes que se acidentaram ao pronto-socorro; organizar substituições quando há falta de professores (muitas vezes a própria coordenação entra em sala para substituir docentes ausentes), dentre muitos outros episódios.

Agora imaginemos que a coordenadora tenha reservado um horário para estudos e organização de um encontro formativo que pretende realizar e esse tipo de situação começa a "pipocar". Ou seja, lá se vão o estudo e o planejamento... Assim, as coordenadoras reportam a sensação de estarem sempre "apagando incêndio", o que impõe uma enorme dificuldade de estabelecer uma rotina e planejar suas ações.

Também se adicionam os chamados que vêm das instâncias do sistema educacional. A literatura da área reporta constantemente que as demandas e convocatórias dos órgãos das secretarias municipais e estaduais de educação tomam cada vez mais tempo e atenção das equipes gestoras das escolas, muitas vezes atrapalhando o planejamento e a dinâmica interna. Na rede estadual de São Paulo, por vezes as convocações para direção e professor coordenador participarem de encontros formativos chegam de terça para sexta-feira, o que interfere em toda a dinâmica da unidade, nos horários da equipe, pois alguém precisa chegar mais cedo ou sair mais tarde para cobrir os horários de quem fica ausente.

Ainda há problemas de ordem pessoal, das relações humanas, como rejeição que a pessoa que assume a coordenação pode enfrentar por parte da equipe, o que às vezes leva à sabotagem do trabalho.

Todo esse quadro pode ser assustador e sugerir um beco sem saída para o trabalho da coordenação pedagógica. Sem querer apresentar receitas de soluções para cada tipo de problema, a ideia aqui é trazer algumas reflexões e sugestões que nascem de pesquisas sobre a prática de docentes que exercem a função em várias redes de ensino.

Em termos de rotina e planejamento do próprio trabalho, coordenadoras e coordenadores são unânimes: sem planejamento não é possível desenvolver um bom trabalho, mesmo que o plano seja atravessado por imprevistos e demandas de última hora. Assim se coloca Tatiane Santos, desde 2018 atuando como professora coordenadora da EE Leopoldo Santana, localizada no bairro do Capão Redondo, periferia da zona sul de São Paulo:

> "Acredito que um coordenador que não organiza uma rotina não sobrevive, porque você se vê só apagando incêndio e não fazendo o que é necessário. Eu tenho uma agenda, uma rotina semanal, e vou colocando quais são as prioridades, o que é urgente, que não pode passar daquela semana. Não é seguida 100%, pois todos os dias acontece alguma coisa para resolver que não estava na agenda ou cronograma."

Em suma, não só é possível como é indispensável organizar uma rotina, mas não é possível segui-la 100%. Outro ponto importante é que, em se tratando de trabalho coletivo, o planejamento da coordenação não pode ser feito de modo isolado, mas precisa se alinhar com o plano das demais pessoas da equipe gestora. Além de prever cada tarefa dentro de cada atividade, é preciso estabelecer prazos para sua realização, como diz Tatiane.

> "A escola que não tem um planejamento sofre muito mais para realizar as atividades. Na escola, eu e a outra coordenadora organizamos nossa semana juntas, dividindo nossas funções. Algumas coisas são específicas da responsabilidade dela e outras minhas. Dividimos, pedimos ajuda para outros profissionais, como a direção, o professor mediador, prevendo dia, semana, mês, bimestre, semestre."

É fundamental também discutir em equipe as ações decorrentes do planejamento e possíveis redirecionamentos, mesmo os casos mais específicos. Na EE Leopoldo Santana, as professoras coordenadoras fazem reunião semanal para diálogo e alinhamento com a direção e vice-direção. Elas também se reúnem semanalmente com os professores, nas chamadas Atividade de Trabalho Pedagógico Coletivo (ATPCs). Nessas ocasiões, as decisões são tomadas conjuntamente e os atendimentos mais pontuais de alunos são passados para esses coletivos.

Os relatos e depoimentos nos ensinam que todos os problemas precisam ser tratados como questões pedagógicas, mesmo aqueles que têm origem fora da escola. Por exemplo, um bebê, criança, adolescente, jovem ou adulto que passa por situações de violência em casa ou que vem de uma família de baixíssima renda, enfrentando falta de direitos básicos, como moradia e alimentação.

Os fatos, em si, podem não ser problemas que a escola dê conta de resolver, mas precisam ser considerados à medida que interferem na vida escolar do sujeito. Então, há pelo menos dois tipos de medidas que cabem à escola: 1) inserção e encaminhamentos junto à rede de proteção social, isto é, acionamento de serviços de saúde, assistência social, combate à violência contra a mulher, conselho tutelar nos casos de menores de idade etc.; 2) atendimento pedagógico diferenciado para essas alunas e alunos.

Outro aprendizado que colhemos dessas narrativas é que, ao serem tomados como questões pedagógicas, tais problemas devem ser levados ao âmbito coletivo. Obviamente, quando uma problemática "estoura", é preciso tomar medidas imediatas, não havendo tempo para consultas e tramitação em instâncias. O que se propõe aqui é que a equipe escolar precisa discutir e refletir sobre tipos de problemas ou situações típicas para combinar como agir diante deles, definindo o que cabe a cada profissional. Isso implica refletir sobre as causas dos problemas para avaliar as possibilidades e limitações da escola em sua solução.

Importantíssimo ainda é perceber que nem tudo precisa ficar concentrado nas mãos da coordenação pedagógica. Por exemplo, a prática de professores levarem casos de indisciplina de alunos para a direção ou coordenação "dar um jeito" precisa ser superada. Isso tem a ver com a cultura autoritária de caráter patriarcal de nossa sociedade, em que alguém que "manda mais" é chamado a aplicar punições, como a mãe que chama o pai para castigar o filho.

Nas pesquisas que realizo junto a escolas na cidade de São Paulo tenho reparado que nas unidades onde se valoriza a participação de estudantes nas decisões, desde a sala de aula até as instâncias de gestão coletiva, o clima é melhor e os conflitos tendem a ser resolvidos com base em corresponsabilidade. Isso porque uma das principais funções da escola é estimular o desenvolvimento da autonomia dos sujeitos para a convivência em sociedade. Nesse processo pedagógico, as pessoas envolvidas em um conflito vão aprendendo que elas mesmas podem resolver aquela situação, ainda que cheguem à conclusão que precisam do apoio de alguém externo, que deve ser acionado só depois de esgotadas outras alternativas.

Ademais, quando o trabalho é discutido, planejado e realizado em equipe, cada integrante vai ganhando mais autoconfiança e autonomia no exercício de sua função, sempre em alinhamento com as e os demais colegas. Isso faz com que a carga total de trabalho seja distribuída de forma a não sobrecarregar uma pessoa. Assim, na gestão democrática, com o trabalho coletivo e o coletivo de trabalho a autoridade também é compartilhada, o que significa um constante aprendizado para toda a equipe.

A coordenação
do trabalho coletivo

Neste capítulo, destacarei o caráter coletivo do trabalho da gestão escolar, apresentando os princípios que o sustentam. Também serão apresentadas as instâncias de gestão democrática mais comuns nas escolas e outros dispositivos de incentivo à participação na educação.

A partir do desenvolvimento histórico do sistema escolar brasileiro de nível básico e de sua massificação, vários cargos e/ou funções foram sendo criados para compor a equipe responsável pela administração ou gestão da escola. As denominações desses cargos e funções e a composição da equipe gestora variam muito nos sistemas de ensino brasileiros.

Como vimos no capítulo "Direção escolar e coordenação pedagógica", a denominação do cargo de quem oferece apoio pedagógico à equipe docente no âmbito da escola pode variar de supervisão pedagógica, supervisão educacional, orientação pedagógica, coordenação pedagógica, dentre outras. Em alguns sistemas, o cargo de secretária ou secretário escolar, por exemplo, não é considerado parte da equipe de gestão. Em outras, existe a função de vice-direção integrante da equipe de gestão, mas não como um cargo parte da carreira do magistério. E assim por diante.

Neste livro, adotamos uma forma integradora no tratamento da gestão escolar, a partir de alguns princípios. O primeiro é considerar a gestão como um trabalho necessariamente coletivo, ou seja, que cabe a uma equipe e não a uma pessoa, ainda que possa haver alguém na liderança. O segundo é compreender a gestão como uma dimensão da atuação de todos os profissionais da escola. Nesse sentido, além de ser responsabilidade de um grupo específico, ela é também compartilhada por toda a equipe e, em alguma medida, pela comunidade escolar. O terceiro é o entendimento de que a equipe gestora é tão educadora quanto a equipe pedagógica, pois a primeira não tem tarefas meramente administrativas.

Quanto ao primeiro princípio, a compreensão da gestão como um trabalho primordialmente coletivo alinha-se ao ideal da gestão democrática na educação pública e se contrapõe à visão ainda muito forte de poder centralizado nas mãos do diretor ou diretora. Na equipe gestora cada cargo ou função tem tarefas específicas e graus diferenciados de responsabilidade. O diretor ou diretora é a pessoa que, em última instância, responde legalmente pela escola. Além disso, a literatura vem reforçando o papel de liderança exercido pela direção na elaboração e implementação de um PPP que garanta educação de qualidade socialmente referenciada. No entanto, uma liderança legítima só se constrói a partir do trabalho coletivo de uma equipe.

No que diz respeito ao segundo princípio, todo trabalho, em qualquer área, envolve alguma dimensão de gestão, seja do tempo, dos materiais a serem utilizados, dos resultados a serem alcançados, de fatores externos à atividade a ser realizada etc. Por exemplo: se o jardineiro precisa fazer a manutenção da área verde ou cultivável da escola, ele precisa lidar com uma série de variáveis que interferem em seu trabalho, como os melhores horários para fazer o serviço, de modo que não atrapalhe nem seja prejudicado pela rotina da escola, as ferramentas de que necessita, as condições climáticas, o prazo para execução etc. Então, ele precisa gerir seu trabalho, mas não faz isso sozinho, pois necessariamente vai estar em interlocução com outras pessoas envolvidas.

No tocante ao terceiro princípio, todos os adultos que trabalham na escola são educadores, independentemente de sua escolaridade, especialização, cargo que ocupam ou função que desempenham. São educadoras as pessoas que trabalham na cozinha, na limpeza, na segurança, na manutenção geral, na secretaria, tanto quanto são as professoras e os professores, estejam em sala de aula ou em funções como direção, coordenação pedagógica etc. Em suma, todo o trabalho na escola é pedagógico, porque todos os profissionais que ali atuam interagem com os bebês, as crianças, os adolescentes, os jovens e os adultos que frequentam a unidade escolar e com seus familiares e responsáveis, tendo, portanto, seu papel na educação desse coletivo. Na escola não se aprende apenas conteúdos específicos de componentes curriculares, mas se forma o ser humano integral sobretudo pelas relações que vão se estabelecendo. Desse modo, não só as e os estudantes de quaisquer idades, mas todas as pessoas aprendem com as relações que vão se tecendo no cotidiano do espaço escolar.

Por fim, como já nos ensinou o professor Vitor Henrique Paro em várias de suas obras, é simplesmente equivocado, em qualquer área, reduzir o fato administrativo apenas às chamadas atividades-meio, tomando a prática administrativa como fim em si mesma. Esse entendimento, diz ele, não capta o que é essencial na gestão, seu caráter mediador, justamente aquilo que a caracteriza como *co-ordenação do esforço humano coletivo*.

Por todas essas razões, na educação, mais do que em qualquer outra área, o trabalho da equipe gestora é necessariamente pedagógico. São as motivações pedagógicas que devem orientar as decisões e os procedimentos administrativos. E isso, a propósito, não deveria valer apenas para o âmbito escolar, mas para todo o sistema educacional, incluindo as instâncias centrais, como secretarias e até mesmo o Ministério da Educação.

Assim, não serão reproduzidas aqui as denominações que se costuma ouvir no "chão da escola", em referência à equipe gestora como "a gestão", "os gestores" ou, por vezes, mesmo tratando unicamente o diretor ou diretora como "a gestão". A partir de agora, serão utilizadas as expressões "equipe gestora" ou "equipe de gestão pedagógica" para o conjunto de profissionais responsáveis pela administração geral da escola, incluindo toda a parte de pessoal e de recursos financeiros que passam pela unidade.

A essa equipe também cabe coordenar a elaboração e revisão coletiva do projeto político-pedagógico, sua implementação e avaliação contínua, bem como sua atualização. A equipe de gestão pedagógica ainda é a ponte de ligação entre instâncias superiores do sistema educacional ou da rede de ensino e a escola.

Será utilizada a expressão "equipe escolar" em referência a todas as pessoas que trabalham na escola, ou seja, todas as educadoras e educadores, independentemente da formação, especialização ou cargo que ocupam ou função que desempenham.

Isso está em consonância com a lotação dos profissionais de educação junto às redes públicas de ensino de modo geral, ainda que possa haver variações pelo Brasil afora. Na Prefeitura de São Paulo, por exemplo, a equipe gestora das unidades escolares compõe uma das duas classes dentro da carreira do magistério municipal, sendo a outra classe a de docentes. No caso da classe de gestores, no âmbito das unidades escolares, a equipe gestora é formada por diretor(a), coordenador(a) pedagógico(a) e supervisor(a) escolar.

A supervisão é um cargo que fica lotado nas Diretorias Regionais de Educação (DRE) e cada supervisor(a) é responsável pelo acompanhamento de um certo número de unidades em determinado setor dentro de uma região. A depender do tamanho da unidade escolar, a equipe gestora pode contar também com vice-diretor(a), sob a denominação oficial de assistente de direção, que é um professor ou uma professora, com formação em Pedagogia, indicado pela direção e nomeado pelo secretário de educação para exercer a função de vice-direção. Assim, na rede de educação paulistana, essa figura de vice-direção não faz parte da carreira, não é um cargo, mas uma função.

INSTÂNCIAS DE GESTÃO COLETIVA NA ESCOLA

Historicamente, as instâncias de participação social e gestão coletiva na escola que mais ganharam força e legitimidade – existindo até hoje no Brasil, inclusive amparadas por legislação – são as Associações de Pais e Mestres (APMs), os Conselhos de Escola e os Grêmios Estudantis.

Associação de Pais e Mestres

As origens das APMs na educação brasileira remontam às primeiras décadas do século XX, ou seja, ao início da República, quando alguns setores da sociedade, movidos por influências liberais que ganharam força no período após a Primeira Guerra Mundial, defendiam reformas modernizantes na educação pública, além de sua expansão.

Naquele momento, havia um clima de convocação para a participação cívica na escola, a fim de ampliar a divulgação dos ideais de democracia e também a discussão sobre novos paradigmas e metodologias educacionais, sobretudo do movimento denominado Escola Nova, com forte influência dos Estados Unidos, na pessoa do filósofo e educador John Dewey. Assim, começaram a surgir em escolas brasileiras, de modo informal, as primeiras associações reunindo familiares e outras pessoas interessadas em discutir essas novas ideias e em colaborar na organização da unidade escolar.

Em 1931, o então diretor-geral da Instrução do Estado de São Paulo, Lourenço Filho, propôs a criação das APMs nas escolas públicas paulistas, com algumas diretrizes gerais, como reuniões mensais, conselho diretor formado por quatro pais e três professores, sem cobrança de contribuição financeira para os familiares que quisessem dela participar.

Já em 1934, quando o estado de São Paulo tinha como governador o interventor federal Armando de Salles Oliveira, sob a ditadura do Estado Novo, foi elaborado o primeiro Estatuto Padrão das APMs.

Essa norma trouxe como principal modificação a obrigatoriedade do diretor da escola ser o presidente da APM, ainda que a criação da associação em si não fosse obrigatória. Também determinou que as contribuições financeiras voluntárias dos associados fossem destinadas à assistência a alunos necessitados e melhorias de caráter estrutural nas escolas. Assim, de espaços informais para discussões sobre assuntos educacionais de forma geral, as APMs passaram a ter outra natureza, ligadas diretamente ao poder estatal, que, naquele momento, era de caráter centralizador e autoritário.

Desde então outras tantas modificações foram feitas no que diz respeito à normatização das APMs. A LDB de 1961, promulgada no interrompido governo de João Goulart, fez a elas uma menção bastante evasiva: "A escola deve estimular a formação de associações de pais e professores" (Lei nº 4.024/1961, art. 115). Já a LDB de 1971, fixada em pleno governo ditatorial do general Médici, obrigou a criação desse tipo de entidade: "Cada sistema de ensino compreenderá *obrigatoriamente*, além de serviços de assistência educacional que assegurem aos alunos necessitados condições de eficiência escolar, *entidades que congreguem professores e pais de alunos*, com o objetivo de colaborar para o eficiente funcionamento dos estabelecimentos de ensino" (Lei nº 5.692/1971, art. 62, grifos nossos).

Não há qualquer menção às APMs na atual LDB, mas a existência formal desse tipo de entidade terminou se tornando praticamente obrigatória nas escolas públicas brasileiras, uma vez que seu CNPJ serve aos procedimentos legais e administrativos para o recebimento de recursos financeiros, sejam os repassados por órgãos públicos governamentais ou por doação de origem privada, conforme veremos no capítulo "Educação de qualidade e avaliação educacional". Considerando escolas que receberam recursos do Programa Dinheiro Direto na Escola (PDDE), levantamento recente indica que cerca de 70% das escolas públicas brasileiras possuem esse tipo de associação.

De modo geral, os governos estaduais e municipais estabelecem estatutos padrão a serem adotados pelas APMs das escolas sob sua circunscrição. No estado de São Paulo, o Decreto nº 65.298, de 18 de novembro de 2020, baixou o estatuto-padrão de adoção obrigatória pelas APMs como condição para receber recursos financeiros de órgãos públicos paulistas.

Ou seja, terminou prevalecendo a mudança imposta pelo governo interventor de São Paulo em 1934: como já dito, de espaço informal de discussão sobre a educação escolar, para entidade tutelada diretamente pelo poder público e responsável por complementar recursos financeiros à escola.

Isso não significa que a APM deva funcionar segundo esse espírito. Ela pode atuar como espaço de gestão democrática da escola. Mas o fato é que, diante de dificuldades inúmeras e de normalmente poucas e mesmas pessoas que participam dos espaços colegiados na escola, dificilmente haverá fôlego para participação efetiva de familiares e responsáveis na APM e no Conselho de Escola.

Assim, o melhor é incentivar a articulação entre APM e Conselho, conforme consta na estratégia 19.4 da meta 19 do PNE, que diz respeito à gestão democrática: "19.4) estimular, em todas as redes de educação básica, a constituição e o fortalecimento de grêmios estudantis e associações de pais, assegurando-se-lhes, inclusive, espaços adequados e condições de funcionamento nas escolas e fomentando a sua articulação orgânica com os conselhos escolares, por meio das respectivas representações" (Lei nº 13.005/2014, Anexo).

Conselho Escolar

No período mais recente da democracia brasileira, pode-se dizer que as primeiras experiências de Conselho de Escola ou Conselho Escolar surgiram antes da Constituição Federal de 1988, em mandatos estaduais e municipais de governos de oposição à Ditadura Militar. Essas iniciativas se somaram aos grupos políticos que pautaram as demandas por democratização do Estado brasileiro por meio da participação social no período da Constituinte e que, na área da educação, conquistaram o princípio constitucional da gestão democrática no ensino público (ver capítulo "Democracia, educação e gestão escolar").

A ideia de um conselho como instância de gestão colegiada deliberativa na escola, ou seja, que toma decisões e não somente é escutado ou dá opinião e aconselhamento, parte da compreensão de que, na democracia, o processo decisório não pode se restringir a uma ou algumas poucas pessoas que decidem por todas as demais. Como o primeiro espaço público de frequência constante que a maioria da população acessa, a escola é entendida como uma das células fundamentais para o aprendizado e a prática democrática e, portanto, a construção e o fortalecimento da democracia.

No já mencionado livro *Educação é direito*, publicado em 1968, Anísio Teixeira defendia que as escolas públicas deveriam ser governadas por conselhos leigos locais, compostos por diversos segmentos da comunidade, com alto grau de autonomia administrativa, pedagógica e financeira, responsáveis por gerir recursos que viriam dos governos federal, estadual e municipal.

De lá para cá, a menção a esses conselhos foi sendo inserida na legislação brasileira, inicialmente de modo tímido tanto na CF quanto na LDB e, posteriormente, de modo mais incisivo no PNE. Alteração recentíssima feita na LDB finalmente dá aos Conselhos Escolares o lugar central que devem ocupar na gestão educativa no âmbito das escolas. Trata-se de modificações feitas pela Lei nº 14.644, de 2 de agosto de 2023, advinda de projeto de lei de autoria da deputada federal Luiza Erundina, do PSOL-SP.

Nos arts. 10 e 11, que tratam das incumbências dos estados e municípios, respectivamente, a lei adicionou incisos determinando que a esses entes federados cabe instituir Conselhos Escolares e Fóruns dos Conselhos Escolares. No art. 12, que estabelece as incumbências dos estabelecimentos escolares, também inseriu o inciso XII, determinando que as escolas devem instalar seus Conselhos Escolares.

A modificação mais significativa se deu no *caput* e no corpo do art. 14, que antes fazia menção muito genérica sobre os conselhos: "II - participação das comunidades escolar e local em conselhos escolares ou equivalentes".

Como se pode visualizar no Quadro 2, o inciso II não deixa abertura para outro tipo de instância, explicitando que a participação da comunidade na gestão escolar deve se dar em conselhos escolares e ainda institui o Fórum de Conselhos.

No parágrafo primeiro, demarca a natureza deliberativa do Conselho Escolar, antes sem qualquer menção, o que dava margem para que as legislações estaduais e municipais definissem os conselhos como de tipo apenas consultivo. Nesse mesmo parágrafo, explicita que segmentos formarão o Conselho e que sua composição se dará por eleições pelos pares, afastando interpretações outras, como a possibilidade de indicação pela direção da escola, ainda muito comum.

No segundo parágrafo, a LDB modificada delimita o papel, a finalidade e os princípios do Fórum de Conselhos como instância que congrega todos os Conselhos Escolares de determinada circunscrição, ou seja, do município, estado ou DF. Trata-se de instância de notável importância, pois estimula o diálogo e as trocas de experiência entre conselhos, fortalecendo cada um deles. Ademais, coloca-se como dispositivo anti-isolamento, fortalecendo a atuação em conjunto dos conselhos perante outras instâncias da gestão do sistema educacional, o que eleva o patamar do debate, pois favorece a cada conselho acessar as discussões sobre as problemáticas e políticas educacionais de seu município ou estado como um todo, para além de sua unidade escolar.

Quadro 2 – Art. 14 da LDB (Lei nº 9.394/1996) depois da modificação pela Lei nº 14.644/2023

Art. 14. Lei dos respectivos estados e municípios e do Distrito Federal definirá as normas da gestão democrática do ensino público na educação básica, de acordo com as suas peculiaridades e conforme os seguintes princípios:

I – participação dos profissionais da educação na elaboração do projeto pedagógico da escola;

II – participação das comunidades escolar e local em Conselhos Escolares e em Fóruns dos Conselhos Escolares ou equivalentes.

§ 1º O Conselho Escolar, órgão deliberativo, será composto do Diretor da Escola, membro nato, e de representantes das comunidades escolar e local, eleitos por seus pares nas seguintes categorias:
I – professores, orientadores educacionais, supervisores e administradores escolares;
II – demais servidores públicos que exerçam atividades administrativas na escola;
III – estudantes;
IV – pais ou responsáveis;
V – membros da comunidade local.

§ 2º O Fórum dos Conselhos Escolares é um colegiado de caráter deliberativo que tem como finalidades o fortalecimento dos Conselhos Escolares de sua circunscrição e a efetivação do processo democrático nas unidades educacionais e nas diferentes instâncias decisórias, com vistas a melhorar a qualidade da educação, norteado pelos seguintes princípios:
I – democratização da gestão;
II – democratização do acesso e permanência;
III – qualidade social da educação.

§ 3º O Fórum dos Conselhos Escolares será composto de:
I – 2 (dois) representantes do órgão responsável pelo sistema de ensino;
II – 2 (dois) representantes de cada Conselho Escolar da circunscrição de atuação do Fórum dos Conselhos Escolares.

Fonte: Elaborado pela autora a partir de consulta à legislação informada.

A literatura da área identifica quatro funções principais do Conselho de Escola: deliberativa, consultiva, fiscal e mobilizadora. A primeira listada é pouco exercida efetivamente, visto que ainda é preponderante a tendência da direção da escola de dominar as reuniões e o encaminhamento de decisões. Com a recente modificação na LDB, essa função ganha força e amparo legal.

O Conselho de Escola é previsto por legislação estadual e municipal para suas respectivas redes de ensino. Além disso, algumas Secretarias de Educação preparam materiais, como cartilhas e manuais, para orientar a constituição e o funcionamento dessas instâncias nas unidades escolares. Por vezes, esse tipo de material é publicado também por sindicatos e outras entidades de representação de professores, pelo compromisso de divulgar essas instâncias de gestão democrática.

No Estatuto-Padrão do Conselho de Escola da rede estadual paulista, publicado na Resolução SEDUC nº 19, de 8 de março de 2022, determina-se que a presidência do Conselho será exercida pelo diretor da escola, que é seu membro nato. Nas normas sobre o Conselho nas unidades da rede municipal paulistana o diretor aparece como membro nato, mas não como presidente, sendo que nesse caso o Conselho tem autonomia para elaborar normas complementares que definam o processo de eleição da presidência. A imposição de que a direção da escola assuma a presidência do Conselho é considerada um equívoco pelos estudiosos da gestão escolar, pois termina concentrando mais poder em torno de uma mesma pessoa, em lugar de estimular a partilha e a participação.

Conselhos de Escola são, antes de mais nada, espaços de participação política no nível das unidades escolares, pois permitem aos vários segmentos que compõem a comunidade escolar tomar conhecimento, discutir e dar encaminhamentos para as principais questões da escola, como definições em torno do PPP. Aliás, de modo geral, as legislações municipais e estaduais de educação determinam que o PPP precisa ser aprovado pelo Conselho Escolar. O ideal, conforme veremos no capítulo "O projeto político-pedagógico", é que o Conselho tome parte ativa na elaboração do PPP e não apenas formalize sua validação depois que o documento já está pronto.

Os Conselhos podem constituir espaços efetivos de formação democrática para todos os participantes, na lida prática da discussão para decidir sobre os rumos da escola. Afinal, é participando que se aprende a participar, que se inventa coragem para tomar a palavra, falar em público, defender ideias e ideais, buscar alianças, contrapor-se a atitudes autoritárias etc.

É também espaço de democratização do conhecimento, ao abrir para familiares, responsáveis e demais membros da comunidade escolar e do território discussões sobre questões pedagógicas. No entanto, em um país de tradição autoritária como o Brasil, não é fácil instaurar e manter uma cultura democrática nas escolas. Por variadas razões, nem sempre as instâncias de participação conseguem manter um funcionamento constante. Na EE Prof. José Monteiro Boanova, na região do Alto da Lapa, zona oeste da capital paulista, por exemplo, a participação no Conselho era variável. "Normalmente nos reuníamos com um mote; alguns temas motivavam mais as pessoas a participar e outros nem tanto", relatou a professora Solania Horti Neri dos Santos, diretora da unidade de janeiro de 2021 até agosto de 2023. Na sequência, é apresentada uma ocasião que mobilizou os interesses de todos os segmentos da escola.

A voz da maioria

Em 2022 o Conselho Escolar da EE Prof. José Monteiro Boanova, na região do Alto da Lapa, zona oeste da capital paulista, precisava decidir se a unidade deveria ou não aderir ao Programa de Ensino Integral da Secretaria de Educação do Estado de São Paulo. Dada a importância da pauta, que, se aprovada, traria uma mudança significativa para toda a organização da escola, o CE resolveu fazer um tipo de plebiscito com cada segmento.

Antes disso, houve o cuidado de informar a todos os segmentos sobre o assunto, utilizando os documentos oficiais sobre o programa disponibilizados pela Secretaria. Depois foi feita a consulta com votação separada com todos os segmentos da escola, ou seja, estudantes, professores, funcionários administrativos e responsáveis. Houve participação de quase 100% dos estudantes, funcionários e professores. Já a participação no segmento dos responsáveis foi bem menor, cerca de 20%. A decisão da maioria foi pela não adesão ao PEI. Após a consulta, os dados foram tabulados e expostos em gráficos e cartazes para a comunidade nos murais da escola e enviados à Secretaria de Educação. E com base no resultado, os membros do Conselho de Escolar se reuniram emitindo seu parecer final.

Grêmio Estudantil

Os Grêmios Estudantis como entidades livres e representativas de estudantes do ensino fundamental e médio fazem parte da histórica trajetória de participação estudantil na vida política nacional. A história registra o engajamento de estudantes em partidos políticos de todos os espectros ideológicos, em entidades e movimentos de cunho mais conservador e outras mais progressistas e nos principais eventos da vida nacional, como a Inconfidência Mineira, as campanhas pela abolição da escravatura, Proclamação da República, Revolução Farroupilha (RS), Sabinada e Guerra de Canudos (BA), dentre tantos outros.

Em 1901, surgiu a Federação de Estudantes Brasileiros e em 1910 foi realizado o I Congresso Nacional de Estudantes, em São Paulo. Conforme a escolarização primária, secundária e de nível superior se expandiu no país, cresceu também a movimentação estudantil, sobretudo na reivindicação por melhores condições das escolas públicas.

Em 1937, ocorreu a fundação da União Nacional dos Estudantes (UNE), que, ao congregar estudantes do ensino superior e secundarista, teve forte atuação na resistência à ditadura do Estado Novo de Getúlio Vargas (1937-1945) e no combate ao nazi-fascismo no país. Em 1948, o 1º Congresso Nacional dos Estudantes Secundaristas, realizado no Rio de Janeiro, fundou a União Nacional dos Estudantes Secundaristas (UNES), que em 1949 mudou seu nome para União Brasileira dos Estudantes Secundaristas (UBES), denominação que permanece até os dias atuais.

Fosse por meio dessas entidades representativas, fosse por meio de coletivos autônomos, jovens estudantes enfrentaram a Ditadura Militar no Brasil e foram duramente reprimidos, com censura, perseguição, prisão, tortura e assassinatos. Suas entidades foram banidas, inclusive os Grêmios, só retornando à legalidade em meados dos anos 1980.

Em 4 de novembro de 1985 foi sancionada a Lei nº 7.398, que dispõe sobre a organização de entidades representativas dos estudantes de 1º e 2º graus, como eram denominados o ensino fundamental e o ensino médio. A lei, ainda em vigor, assegura aos estudantes a liberdade de organização de entidades autônomas representativas de seus interesses. Conhecida como Lei do Grêmio Livre, essa norma respondeu às reivindicações dos estudantes pelo fim dos Centros Cívicos, que foram impostos no período da Ditadura Militar como entidades de representação estudantis nas escolas, controladas diretamente pelos governos.

Como decorrência, estados e municípios elaboraram normas próprias para a criação de Grêmios Estudantis. As entidades nacionais dos estudantes e suas afiliadas locais, outras organizações e movimentos sociais e governos de mandatos progressistas lançaram programas e publicações para estimular a criação de grêmios. Mandatos não tão progressistas também criaram ações de estímulo aos grêmios, aparentemente com o ensejo de controlar ou pelo menos de evitar confronto direto com a crescente movimentação estudantil por educação de qualidade, direito à meia entrada em atividades culturais e à meia tarifa nos transportes.

No estado de São Paulo, a legislação mais recente é a Lei nº 15.667, de 12 de janeiro de 2015, que dispõe sobre a criação, organização e atuação dos grêmios estudantis nos estabelecimentos de ensino fundamental e médio públicos e privados. No município de São Paulo, o Decreto nº 58.840, de 3 de julho de 2019, instituiu o Programa Grêmios Estudantis na Rede Municipal de Ensino de São Paulo, que tem, dentre seus objetivos, viabilizar a criação de grêmios nas escolas municipais.

Apesar de toda movimentação e das conquistas importantes, os Grêmios Estudantis ainda estão ausentes da maioria das escolas no Brasil. O Mapeamento de Grêmios Estudantis no Brasil, lançado pela Campanha Nacional pelo Direito à Educação em agosto de 2023, com dados desagregados do Censo Escolar 2021, mostra que há grêmios formalmente constituídos em apenas 12,3% das escolas públicas brasileiras.

Grêmio e protagonismo estudantil

Mesmo em escolas com tradição democrática, o esforço por estimular e manter a participação dos estudantes precisa ser constante. E a dificuldade nem sempre vem dos alunos. É o caso da EMEF Anna Silveira Pedreira, localizada no Jardim Fim de Semana, zona sul de São Paulo. Há muitos anos, a escola vem sustentando um PPP democrático, com participação de toda a equipe na elaboração e acompanhamento da comunidade.

A implementação do Grêmio Estudantil aconteceu em 2022, por iniciativa da professora Michelle Mendonça, que ingressou como coordenadora pedagógica e surtiu grande interesse e engajamento por parte dos estudantes, que formaram oito chapas candidatas à diretoria, com bastante debate e movimentação.

O impasse maior foi e ainda é fazer com que parte dos professores e da equipe gestora entenda realmente o que é o Grêmio e o que ele materializa em termos de protagonismo estudantil. A autonomia dos estudantes significa que nem sempre eles vão concordar com os professores e demais profissionais da escola e simplesmente obedecê-los, mas vão desafiar, trazer suas próprias ideias e críticas, inclusive sobre o que fazer com o dinheiro que chega na unidade. "E a gente precisa ouvir com horizontalidade, não com hierarquia, tentando diminuir ou desvalidar a fala do estudante", diz Michelle.

Observou-se muitas tentativas de boicote e inserção do ponto de vista do professor sobre o processo eleitoral e, depois, sobre as ações das chapas eleitas. Por exemplo, alguns professores tentaram dissuadir chapas que tinham planos de realizar certas festividades na escola e Michelle acredita que isso se deveu a motivações de fundo religioso. Mesmo assim, o Grêmio conseguiu colocar a festa de Halloween no calendário da escola e a organizam quase inteiramente sozinhos, a despeito do boicote de professores, que faltam no dia, não movimentam a escola e reclamam das fantasias utilizadas pelos alunos.

Outra conquista do Grêmio foi a abertura do parque e da quadra durante o intervalo para uso dos alunos. Quando a proposta foi feita, muitos educadores se opuseram, dizendo que isso seria o caos, que a escola ficaria desorganizada. "O que os adultos querem é disciplinamento", declara Michelle, mas a abertura tem sido feita sem incidentes. O Grêmio também criou e organiza o Interclasses, uma competição esportiva que abrange várias modalidades e acontece duas vezes ao ano. A grande novidade são os times mistos, ou seja, compostos por estudantes de todos os gêneros, ideia que enfrentou muita resistência por parte de alguns professores. Uma demanda dos alunos que também foi atendida é a realização do passeio de final de ano para algum local gratuito na cidade de São Paulo.

Michelle avalia que houve avanços até agora, pois os estudantes passaram a tomar parte em várias decisões, como compra de materiais. "Com isso, eles vão entendendo que têm um espaço que precisa ser ocupado", conclui.

DESAFIOS E OUTRAS POSSIBILIDADES DE PARTICIPAÇÃO SOCIAL NA ESCOLA

Como é possível perceber, o fato de haver legislação que ampare a criação e a existência dessas instâncias de GD não significa que elas existam de fato. Em muitos casos, elas existem formalmente, mas não têm atuação real. Isso acontece muito com APMs, pela exigência de CNPJ para as escolas receberem recursos financeiros, e também com Conselhos Escolares.

Equipes gestoras comprometidas com a participação social como dimensão qualificadora do processo educativo têm conseguido garantir a retomada ou criação e funcionamento de instâncias de gestão democrática colegiada em escolas de todo o Brasil. Tenho tido a oportunidade de testemunhar as conquistas de algumas dessas escolas, e vejo que o trabalho persistente, dialógico, respeitoso, que não nega os conflitos, tem sido capaz de construir projetos político-pedagógicos que permanecem, para além das pessoas que entram e saem das equipes gestoras.

Na EMEF Caio Sérgio Pompeu de Toledo, localizada na Cidade Tiradentes, no extremo leste de São Paulo, há muitos anos a direção vem trabalhando para a dinamização das instâncias de gestão participativa, o que vinha dando bons frutos até 2019. Durante o isolamento físico imposto pela pandemia, de certa forma a participação aumentou pelo uso das tecnologias digitais. Naquele momento, as reuniões de Conselho de Escola eram feitas on-line no período noturno e se tornaram assembleias abertas à toda a comunidade escolar, não só aos membros. Então muito mais familiares passaram a acompanhar as reuniões.

No retorno às atividades presenciais depois da pandemia, no entanto, ocorreu uma queda drástica de participação. As reuniões voltaram a ser realizadas no intervalo do almoço, quando os professores podem participar, já que nos demais horários estão em sala de aula. Na avaliação do professor Carlos Roberto Medeiros Cardoso, diretor da unidade, as desigualdades socioeconômicas acentuadas pela pandemia também devem ter dificultado a participação das famílias.

No Grêmio, a participação dos alunos, que era muito forte até 2019, também caiu bastante no pós-pandemia. De acordo com Carlos, isso se deu mais por certas atitudes de uma parte de professores e funcionários do que por desinteresse dos alunos. Aconteceu um tipo de boicote, fosse pela falta de suporte ou mesmo por atitudes castradoras de alguns adultos sobre a participação dos estudantes. A equipe pedagógica estava em meio a um embate em torno de uma concepção punitivista de uma parcela dos professores, a tal ponto que em 2023 uma parte deles pediu remoção.

Além disso, houve muitas mudanças na equipe de gestão escolar, devido a chegada de ingressantes em concurso, aposentadorias e remoções.

Com novos integrantes na equipe, leva um tempo até que se consiga estabelecer um alinhamento com os princípios vigentes no PPP da escola. "As pessoas chegam com uma concepção um tanto hierarquizada das relações na escola e da gestão, com uma visão de separação entre o que é pedagógico e o que é administrativo, o que precisa ser trabalhado", explicou Carlos.

Muitas vezes, o trabalho de implementação de instâncias de gestão participativa começa com estímulo à participação em ocasiões não formais, como atividades abertas nos finais de semana para discutir temas específicos, reuniões para apresentar projetos da escola ou encontros formativos estendidos à comunidade. Isso porque, diante do que Paulo Freire chamava de "inexperiência democrática" da sociedade brasileira, sobretudo para as camadas populares pode parecer assustadora a participação em um conselho, com reuniões e papelada que exigem compromisso, carimbos e assinaturas.

Isto é, não existe uma linha automática entre o texto da lei e a realidade. Como vimos no primeiro capítulo, foram necessárias muitas lutas para conseguir aprovar pontos de avanço social e educacional na Constituição de 1988 e nas legislações educacionais decorrentes, como LDB, PNE, Fundeb etc. Conquistado o texto da lei, é preciso atuação constante para garantir sua implementação e manutenção. E isso é trabalho para muitas gerações.

O projeto político-pedagógico

Neste capítulo vou tratar do projeto político-pedagógico (PPP) e de sua importância para a gestão escolar. Apresentarei considerações sobre o que é o PPP, um pouco de seu histórico na educação brasileira, como e por quem deve ser elaborado, executado e avaliado, com exemplos de escolas que avançaram na proposição e execução de seus PPPs e trechos de seus documentos.

O QUE É UM PPP E DE ONDE SURGE A IDEIA

Pode-se começar afirmando que PPP é um instrumento de planejamento educacional no nível da escola. Sua proposição começa a surgir a partir dos debates sobre democracia na escola no período da redemocratização pós-Ditadura Militar (1964-1985), sobretudo durante a Constituinte, quando entidades e grupos organizados de vários setores, entre eles a educação, estavam se mobilizando para influenciar o texto da nova Constituição Federal numa perspectiva democratizadora do Estado e da sociedade, como vimos no primeiro capítulo.

Depois, durante a tramitação da nova LDB, a partir de meados da década de 1990, a ideia se fortaleceu e passou a constar do texto da Lei, como também já vimos no primeiro capítulo e retomaremos aqui.

A força motriz que fundamenta a ideia de que as escolas devem elaborar seu PPP é a autonomia pedagógica de cada unidade escolar. Junto com ela vem a necessidade de que isso seja feito de modo coletivo e participativo, ou seja, a partir de uma perspectiva democrática, que envolva toda a comunidade escolar.

O PPP é ao mesmo tempo um documento e um processo. Um processo que leva à elaboração do documento, sua implementação, avaliação, reescrita ou atualização e retorno à prática, isto é, à continuação da implementação.

Projeto político-pedagógico parece ser a denominação mais comum para esse documento-processo, mas nas várias redes de ensino pelo Brasil afora há diferentes denominações, como proposta pedagógica, projeto pedagógico, plano pedagógico.

POR QUE ELABORAR UM PPP?

Um projeto pressupõe o desejo ou a necessidade de se realizar algo, normalmente algo que ainda não acontece ou que precisa ser melhorado, ou seja, que signifique uma mudança. Essa necessidade de mudança costuma surgir a partir de uma avaliação que mostra uma insatisfação sobre determinada realidade ou situação.

Podemos usar um exemplo da vida privada. Uma pessoa percebe que lhe faltam conhecimentos ou um certificado de língua estrangeira para se candidatar a uma vaga de trabalho ou participar de um concurso. Então ela faz um plano, um projeto para se matricular em um curso, considerando que precisa de dinheiro para pagar as mensalidades (se o curso for pago), que isso vai durar um certo tempo, que ela precisa reservar uma parte de seu dia para assistir às aulas, se dedicar aos estudos e às tarefas exigidas etc.

Para enfrentar tal empreitada, essa pessoa não pode considerar só o que lhe falta, mas também as vantagens que tem a seu favor. Por exemplo: acaba de abrir uma escola de línguas perto de seu local de trabalho que está oferecendo bolsas de estudo; ela tem dificuldade na parte de escrita do idioma, mas é desenvolta para falar; não gosta de ler, mas aprecia ouvir música estrangeira etc. Projetado esse plano e colocado em execução, de vez em quando ela vai parar para avaliar se o projeto está dando certo, se ela está conseguindo frequentar as aulas, se está avançando nos níveis do curso, enfim. Se perceber que algum ponto não está indo bem, deve modificar algo em relação ao plano inicial para seguir em busca de seus objetivos. Resguardadas as proporções, o mesmo acontece com um projeto numa situação coletiva.

Em suma, um projeto pressupõe intencionalidade de realizar algo em função da necessidade de modificar determinada situação, que se avalia como insatisfatória ou que precise de melhorias. No caso da escola, isso pode ser feito por meio de projetos isolados, por exemplo, um plano para a criação de um espaço para a sala de leitura, um projeto interdisciplinar envolvendo artes e ciências biológicas, um plano para a realização de encontros formativos para familiares de estudantes...

No entanto, o PPP diz respeito a um projeto global para a escola como um todo, com uma leitura que envolve o histórico da escola, sua inserção no território onde se situa, um mapeamento de seus principais problemas e dificuldades, como também de seus pontos fortes e potencialidades, e a escolha de prioridades de ação a partir desse levantamento. Definidas as prioridades, os exemplos de projetos isolados podem integrar o PPP, como projetos especiais ou como parte do plano de ação.

Em resposta à pergunta desta seção, também é preciso elaborar um PPP porque essa é uma exigência da legislação brasileira. Lembrando: na LDB, a determinação quanto à elaboração do PPP pela escola aparece no art. 12: "Os estabelecimentos de ensino, respeitadas as normas comuns e as do seu sistema de ensino, terão a incumbência de: I - elaborar e executar sua proposta pedagógica". A entrega do PPP ou projeto pedagógico ou proposta pedagógica é uma condição para que o poder público autorize o funcionamento de escolas públicas e privadas a cada ano.

De modo geral, no caso da rede privada, as unidades de educação infantil são fiscalizadas pelos municípios e as do ensino fundamental e médio pelos estados. Cada município ou estado tem uma certa estrutura para isso. Tomando como exemplo o município e o estado de São Paulo, as Diretorias Regionais de Educação atribuem essas escolas aos supervisores, conforme a região em que estão localizadas, para que sejam supervisionadas ao longo do ano letivo. Anualmente, as secretarias municipal e estadual de educação publicam portarias ou instruções normativas determinando a elaboração e/ou redimensionamento do PPP, com prazo previsto para entrega. Na Prefeitura de São Paulo esse prazo é até 30 de abril de todo ano.

No caso da rede pública, anualmente, o supervisor ou supervisora responsável pelo acompanhamento das escolas realizam a análise do PPP redimensionado ou atualizado, às vezes sugerindo modificações ou solicitando esclarecimentos, sendo responsável por sua aprovação e encaminhamento à Diretora Regional de Educação para homologação. No caso da rede municipal de educação de São Paulo, tanto as unidades de atendimento direto quanto da rede conveniada parceira precisam também aprovar o PPP junto ao Conselho de Escola.

Infelizmente, ainda é muito comum que a elaboração ou revisão anual do PPP seja feita de modo meramente burocrático, isto é, só para "cumprir tabela", entregar o documento, receber o carimbo de entregue e ficar "quite com a burocracia". Assim, em muitas escolas, uma única pessoa, como o diretor ou a diretora ou quem ocupa a função de coordenação pedagógica, escreve o projeto sem a participação das e dos demais educadores e da comunidade. De quebra, muitas vezes utilizam algum modelo de documento pronto encontrado em um site qualquer ou na página da Secretaria de Educação.

DESAFIOS NA ELABORAÇÃO DO PPP

Não acredito em receitas prontas para a elaboração do PPP e muito menos para sua execução. Então, optei por problematizar alguns pontos que são muito comuns nas experiências escolares pelo Brasil afora, segundo as pesquisas sobre a temática. Também apresentarei, como sugestão, um modesto roteiro de passos a serem seguidos para a elaboração do PPP, além de uma lista de itens que podem compor o documento. Lembrando: são apenas sugestões e não receituários a serem seguidos rigidamente. No calor dos acontecimentos, cada escola vai encontrar um jeito próprio de elaborar seu projeto político-pedagógico.

Mais do que um documento, o PPP é processo coletivo de discussão, reflexão e planejamento escolar que envolve: leitura da realidade da escola e de seu território, decisão sobre que problemas serão priorizados, definição de metas e planejamento de ações para alcançá-las, realização do projeto, sua avaliação contínua e atualização regular.

Tudo isso é sustentado por concepções, conscientes ou não, que a equipe pedagógica possui sobre educação, ser humano, escola, gestão escolar etc. Justamente por isso a elaboração do PPP não é um procedimento "puramente técnico" ou "neutro", ou seja, não basta seguir alguns passos e o projeto estará pronto. Ao contrário, nesse processo, podem surgir muitas tensões e conflitos, pois dificilmente vai haver consenso entre todas as pessoas da equipe sobre a leitura da realidade e o que precisa ser feito para enfrentar os problemas.

Tensões e conflitos fazem parte da experiência democrática e é salutar que venham à tona, desde que se converse sobre eles de modo franco e respeitoso. Pior do que haver discussão é o boicote silencioso, ou seja, todo mundo fazer de conta que está de acordo, mas, na hora de executar o plano, cada pessoa agir como bem entender, fazendo tudo o que sempre fez.

A escrita do PPP não pode ficar paralisada por discussões intermináveis, que não levam a lugar nenhum. É preciso estabelecer um teto para a discussão e chegar num acordo possível, aceitável para a maioria. Por vezes, haverá pessoas na equipe dispostas a boicotar o alcance de um consenso, com falas desanimadoras e posturas fatalistas. É aquele tipo de gente que fala coisas como: "Isso nunca vai dar certo"; "Não adianta propor nada pra essa comunidade que não participa"; "Eu estou aqui há vinte anos e nenhum plano funcionou"; "Os estudantes aqui não estão interessados em nada"...

Por isso, é recomendável fazer combinados de antemão, prevendo quanto tempo será destinado para a discussão de cada tópico do projeto, com anotação das linhas gerais acordadas.

Ou seja, um impasse sobre um ou mais pontos não deve significar a interrupção do processo. É preciso buscar uma solução provisória para o impasse, um acordo possível naquele momento, que fique bem explícito para todas as pessoas envolvidas, para que se comprometam verdadeiramente com o ponto acordado.

Também é preciso combinar quanto tempo de fala cada pessoa terá por vez, já que enquanto tem gente que fica calada, tem aqueles que falam demais, monopolizando o discurso. A essa altura, a pessoa conduzindo o processo, normalmente quem está na função de direção ou coordenação pedagógica, precisa ser firme. Isso porque gestão democrática não significa que todo mundo pode falar e fazer o que bem quiser.

PASSOS PARA ELABORAÇÃO DO PPP

Mobilização da equipe e da comunidade

Se uma escola está iniciando um processo participativo de elaboração do PPP, quer dizer, se essa cultura de elaboração coletiva ainda não é uma realidade na escola, não dá para simplesmente convocar uma reunião e começar os trabalhos. É necessária uma etapa de sensibilização e mobilização da equipe e da comunidade para que entendam a proposta e sintam vontade de participar.

A equipe gestora pode começar por anunciar a demanda nas reuniões das equipes pedagógicas e de apoio, do Conselho de Escola, da APM, do Grêmio Estudantil. Uma ideia é formar uma comissão de mobilização pelo PPP, com representação de pelo menos uma pessoa de cada uma dessas instâncias. Esse grupo ficará responsável por mobilizar seus pares e convidá-los a participar, conversando diretamente com eles.

Podem ser elaborados cartazes a serem espalhados por toda a escola, com dizeres como "Documento de identidade da escola – Você sabia que nossa escola precisa elaborar um projeto para enfrentar nossos problemas e fazer daqui um lugar onde todos aprendam e todos gostem de estar? Um projeto que seja a cara da nossa escola, um tipo de documento de identidade. Para isso todo mundo precisa participar da elaboração, senão vai ficar com a cara só de algumas pessoas... Venha saber mais!". O cartaz deve informar o calendário de reuniões de apresentação da proposta. Além dos cartazes impressos, pode ser muito eficiente criar uma versão digital para divulgar no site, nas redes sociais da escola e em aplicativos de mensagens, pedindo para que todo mundo divulgue em suas redes e repasse aos seus colegas.

Menciono calendário de reuniões porque entendo que apenas uma reunião não deve ser suficiente. Pode ser necessário fazer reuniões por segmentos (com a equipe de professores, com os demais profissionais, com estudantes, com familiares etc.) antes de uma reunião geral. Nesses encontros, a comissão de mobilização vai apresentar aos participantes o que é um PPP, porque ele precisa ser elaborado e qual a importância de ser feito coletivamente.

Uma boa ideia pode ser convidar pessoas de outras escolas para apresentarem suas experiências de elaboração do PPP. Também é preciso apresentar um calendário de elaboração, com o prazo final para o PPP estar pronto, mesmo que essa agenda venha a sofrer mudanças. O convite é para que as pessoas queiram participar e fiquem ligadas nas informações e convocatórias posteriores. Então, tudo isso precisa ser comunicado de um jeito simples, direto e simpático.

Mãos à obra: elaborando o PPP

Cumprida a etapa de mobilização, as próximas reuniões já devem entrar na elaboração do PPP. Na verdade, a tarefa de mobilização se prolonga durante todas as fases, pois é necessário manter o estímulo para que as pessoas sigam participando.

Na etapa da escrita, não necessariamente todos os segmentos da comunidade escolar vão participar. Em algumas escolas, a decisão pode ser das equipes gestora e pedagógica elaborarem uma primeira versão, a ser lida, discutida e modificada depois pelos outros segmentos. Cada escola vai decidir o que for melhor.

Nesse exemplo, estou considerando uma unidade que está se iniciando nesse processo de planejamento participativo. Então, nesse caso, talvez seja mais fácil não começar com todo mundo de uma vez. Sugerimos que se agende uma ou duas reuniões para cada item do projeto, conforme o tópico "As partes do PPP" adiante. É importante sempre divulgar a pauta com antecedência e circular algum material de apoio antes de cada reunião, para que todas as pessoas saibam o que vai acontecer e o que se espera delas, como ilustrado na Figura 1. Vou apresentar aqui um passo a passo para servir de inspiração.

Figura 1 - Exemplo de cartaz para convocatória de reunião

FAZENDO O PPP DE NOSSA ESCOLA

Reunião 1 – Quem somos e o que queremos

Objetivo: Preparar o levantamento da história da escola e investigação do território para elaboração do PPP.

O que é o PPP? É um documento que toda escola precisa ter, contendo os sonhos e as metas de melhoria e um plano com estratégias para realizá-los.

Quem pode participar? Nessa primeira reunião, o foco são os professores e demais funcionários da equipe escolar, mas está aberta a qualquer pessoa interessada da comunidade.

Materiais de apoio: Documento sobre histórico da unidade escolar; Indicadores da Qualidade na Educação - Ensino Fundamental.

Não existe uma ordem fixa ou correta para a elaboração do PPP, mas recomenda-se que se comece por um levantamento do histórico da unidade escolar e por uma investigação sobre a situação da escola e do território onde está enraizada, buscando captar problemas e capacidades (ou potencialidades) da escola e do entorno. A ideia é focar não apenas em pontos negativos, em aspectos que precisam ser melhorados, mas também identificar o que é positivo na escola e na comunidade e que pode apoiar os avanços pretendidos.

Também é importante conhecer a história da escola, como ela chegou a ser instalada naquele local, se é fruto de lutas da comunidade, quem dá nome à instituição, quem foram as primeiras gerações a frequentar o espaço etc. Tudo isso ajuda a constituir um sentimento de pertencimento da equipe e da comunidade àquele local. Afinal, é preciso conhecer o passado para construir o presente e projetar o futuro.

Em termos dos recursos disponíveis no território, é importante mapear equipamentos de cultura, esporte e lazer, públicos ou da própria comunidade, como casas de cultura, teatro, bibliotecas, clubes ou outros espaços esportivos etc. É indispensável também mapear sujeitos (individuais ou coletivos) que atuam como educadores e artistas e que podem contribuir para as atividades da escola, como escritores, artistas plásticos, pessoal da dança e artes cênicas, mestres de capoeira e outros saberes ancestrais, mediadores de leitura, grafiteiros, músicos etc. Não podemos nos esquecer, ainda, dos atores e das instituições do que se denomina Rede de Proteção Integral à Criança e ao Adolescente, como postos de saúde, Conselho Tutelar, centros de crianças, adolescentes e jovens e seus profissionais.

No entanto, dificilmente será possível fazer tudo isso durante a reunião, que servirá de preparação para essa tarefa. Se a equipe responsável conseguir algum material sobre a história da escola, ele pode ser lido em conjunto pelas pessoas presentes como um exercício de aquecimento, mas será necessário um trabalho mais específico e apurado. Assim, para o levantamento do histórico, sugere-se que uma parte da equipe fique responsável por buscar documentos junto à Secretaria de Educação, biblioteca pública mais próxima, diário oficial, órgãos de imprensa, além de conversas com moradores mais velhos do bairro. É bem possível que nessa busca se descubra alguém que detenha a memória viva de uma parte da história e que poderá ser convidada ou convidado para dar um depoimento em algum encontro.

Para a investigação de problemas e potencialidades, a equipe pode ser subdividida em levantamento de dados específicos sobre a escola e sobre o território. Algumas perguntas que podem guiar a busca de dados sobre a escola são: como é a escola em termos de estrutura física, equipamentos e equipe profissional? Há professores suficientes para todas as turmas? As professoras e os professores são concursados ou contratados precariamente? Elas e eles possuem formação superior específica nos componentes curriculares em que atuam?

Quem são as e os estudantes que frequentam a escola, onde eles moram, como é sua composição familiar em termos de renda, origem, pertencimento étnico-racial? Qual é a faixa etária das e dos estudantes? Estão frequentando o ano esperado para sua idade ou encontram-se em atraso escolar? Desde quando frequentam a escola? As e os estudantes apresentam dificuldades de aprendizagem, em que áreas curriculares?

A maior parte dessas informações poderá ser encontrada na secretaria da própria escola. Outra parte pode ser acessada junto à Secretaria da Educação e em páginas eletrônicas que divulgam os dados do Censo Escolar e de avaliações externas de larga escala por meio de testes de aprendizagem. O Quadro 3 traz dicas de onde encontrar alguns dados. Divididas as equipes, é preciso combinar uma próxima reunião quando os dados deverão ser apresentados.

Quadro 3 – Sites úteis para busca de dados estatísticos sobre a escola

Site	Endereço	Tipo de dado
Mapeamento da Formação Docente	https://dadoseducacionais.c3sl.ufpr.br/mapfor-brasil	Dados e indicadores sobre a formação docente da educação básica no Brasil. Permite a consulta por região geográfica, UF, município e escola, de 2012 a 2019.
Plataforma de Dados Educacionais	https://dadoseducacionais.c3sl.ufpr.br/#/indicadores	Dados como número de matrículas, turmas, docentes e demais funcionários, no nível nacional, estadual, municipal e por escola, de 2007 a 2021
Trajetórias de Sucesso Escolar	https://trajetoriaescolar.org.br/	Consulta a taxas de distorção idade-série e índices de abandono e reprovação, no nível nacional, estadual, municipal e por escola, com recortes de gênero e raça.

Fonte: Elaborado pela autora a partir de consulta aos sites informados.

Dica

Para além dos recursos sugeridos, existe uma ferramenta que pode ser utilizada no processo de investigação sobre a situação da escola, denominada "Indicadores da Qualidade na Educação". Os Indicadores, ou Indique, como são chamados, foram criados pela ONG Ação Educativa, em parceria com o MEC (Ministério da Educação) e outras instituições, para apoiar processos participativos de autoavaliação institucional das escolas.

Eles procuram cobrir as várias dimensões da vida escolar, como ambiente educativo, prática pedagógica e avaliação, ensino e aprendizagem de leitura e escrita (no caso do ensino fundamental), gestão escolar democrática, formação e condições de trabalho dos profissionais, acesso e permanência dos alunos e estrutura física da escola. Atualmente, há versões dos Indicadores para o ensino fundamental, a educação infantil, o ensino médio e as relações raciais na escola. Para saber mais: http://www.indicadoreseducacao.org.br/

Na segunda reunião, cada grupo deve apresentar sua lição de casa, ou seja, os dados sobre o histórico da escola e sua situação atual. A partir daí será possível estudar e discutir o que estamos chamando de "leitura da realidade" da escola e de seu território. Essa leitura dará base para a decisão coletiva sobre que problemas serão priorizados no PPP, definição de metas e planejamento de ações para alcançá-las. Vamos conhecer um caso concreto.

Experiência inspiradora

Em 2012, a equipe gestora da EMEF Espaço de Bitita, localizada no centro expandido de São Paulo, estava preocupada com o fato de que as e os estudantes estrangeiros, naquela época sobretudo de origem boliviana, sofriam discriminação e violência por parte de seus colegas brasileiros. Por não dominar a língua portuguesa, esses estudantes tendiam a ficar muito calados e, ainda que soubessem o conteúdo de algumas áreas, terminavam tendo baixo desempenho escolar. Muitos deles filhos de trabalhadores sem documentação, nos corredores da escola e em seu entorno, eram acuados pelos colegas, que chegavam a cobrar um tipo de pedágio dos estrangeiros.

Foi então que a equipe gestora incluiu no PPP da escola o compromisso de reverter essa situação, prevendo estratégias e ações que envolviam toda a comunidade escolar, por meio do projeto Escola Apropriada. A atividade básica do projeto era uma reunião quinzenal com todos os estudantes estrangeiros ou filhos de imigrantes da escola, em que eles falavam sobre seu país de origem, seu cotidiano em São Paulo, suas dificuldades e desafios na escola. Participavam estudantes de nascimento ou ascendência boliviana, paraguaia, argentina, peruana, chilena, uruguaia, libanesa e síria. Depois dos primeiros encontros só com presença dos estrangeiros, decidiu-se que cada um deles poderia convidar um estudante brasileiro colega da escola, a fim de estimular a integração.

De acordo com o professor Carlos Eduardo Fernandes Júnior, coordenador pedagógico da escola, a equipe escolar logo compreendeu que fazer perguntas para o grupo todo reunido tinha pouco efeito, sendo necessário criar rodas pequenas de partilhas de experiências. "Após sucessivos encontros, essas rodas passavam a resultar em apontamentos objetivos sobre a necessidade de mudanças e adequações que exigiam da gestão escolar ações de enfrentamento à xenofobia e garantia dos direitos", relatou.

Nessas ocasiões surgiram temas como religião, gênero, medos, coragem, relacionamentos, entre tantos outros. Especialistas nessas e em outras temáticas foram convidadas para conduzir diálogos mais aprofundados. Como um dos desdobramentos, foram criadas as mostras culturais de países que passaram a fazer parte da rotina da escola, em que estudantes imigrantes e seus familiares apresentavam seus costumes, sua língua, suas práticas culturais para toda a comunidade escolar. Com isso, tanto crianças quanto adultos estrangeiros foram ganhando mais autoconfiança, superando a intimidação e conquistando o respeito dos demais.

A escola já recebeu diversos prêmios em reconhecimento de sua atuação, inclusive por melhorar os indicadores de desempenho dos estudantes em testes de avaliações externas.

Escolhendo um foco ou eixo organizador

Escolher um foco principal de atuação é importante porque ajuda a evitar a dispersão. Aos poucos, toda a comunidade escolar vai perceber que o foco não é excludente, no sentido de excluir outros pontos, mas é um eixo organizador e aglutinador das diversas ações que vão sendo criadas e desenvolvidas ao longo do tempo. Ou seja, nem tudo estará previsto desde o início no documento do PPP, que vai crescendo e se fortalecendo à medida que vai sendo implementado. Conforme já mencionado anteriormente na seção "Por que elaborar um PPP?", as Secretarias de Educação costumam exigir que as escolas entreguem seus PPPs revistos todos os anos para validação da supervisão escolar.

Então, escolhido o foco central, é hora de definir metas e elaborar um plano de ações para enfrentar o problema. Comecei este capítulo afirmando que qualquer projeto, não só um PPP, nasce da constatação de que algo não vai bem e precisa mudar e que não se faz uma mudança sem planejamento. O plano de ação é a ferramenta que expressa a parte mais operacional do PPP. Elaborar um plano envolve definir as ações que serão realizadas para alcançar os objetivos propostos, quando e como serão realizadas, quem serão as pessoas e instâncias responsáveis, os materiais e recursos financeiros necessários, as parcerias envolvidas etc.

No campo do planejamento participativo, há alguns modelos de plano de ação que podem servir de inspiração e ponto de partida para a escola. Com os modelos em mãos para serem estudados, cada comunidade escolar vai encontrar seu jeito próprio de elaborar seu plano de ação. Tenho insistido nesse jeito próprio e singular de elaboração de todo o PPP porque aí residem a autoria intelectual e a criatividade pedagógica que se manifestam quando a gestão democrática é de fato exercida na escola. Tanto a equipe de profissionais desenvolve suas capacidades especializadas quanto os demais segmentos da comunidade aprendem sobre as especificidades da educação e da escola. E todos ganham em aprendizado do exercício da democracia.

A importância da sistematização escrita compartilhada

Parti dos pontos sobre investigação da realidade e proposição de mudança para detalhar um pouco mais a dinâmica das reuniões de elaboração do PPP. Pode-se dizer que estes são os elementos fundamentais do projeto, isto é, detecção do problema e proposta de enfrentamento. Mas a escrita do documento envolve outros itens e cada um deles deve contar com a participação de toda a equipe em sua elaboração. Como normalmente não há tempo para escrever coletivamente durante a própria reunião, o modo mais fácil de envolver todas as pessoas é fazer a discussão dos pontos e os encaminhamentos nesses encontros presenciais e dividir a tarefa da escrita.

Um procedimento de sistematização é indispensável para a dinâmica geral de todas as reuniões: anotar no ato os pontos de conclusão, de consenso e de encaminhamento e ler em voz alta para verificar se todas as pessoas presentes estão de acordo. Isso evita com que o trabalho se perca e se disperse, pois quando não se registra por escrito ainda durante a reunião, na hora de colocar no papel o conteúdo da discussão, vai acontecer uma dependência da memória apenas da pessoa que está escrevendo. Cada pessoa que ficar responsável pela escrita de um determinado trecho do documento deve apresentar a tarefa pronta na reunião seguinte, para que os demais participantes apreciem, façam sugestões e aprovem a versão final.

Esse procedimento é útil para colocar todas as pessoas envolvidas no mesmo patamar de informação, mas é especialmente importante para aquelas que não estão habituadas com a leitura e a escrita, como é o caso de muitos familiares e representantes da comunidade. Muitas vezes essas pessoas participam ativamente da discussão, contribuindo com análise da realidade e com ideias para a solução dos problemas, mas não se veem representadas no texto escrito. Lembremos que escrita é poder e que concentrar esse poder em poucas ou em uma só pessoa dificilmente será bom para o coletivo. Isso pode ser eficiente do ponto de vista do texto como produto final, que poderá até ficar bem escrito, mas não terá sido significativo para o aprendizado do exercício democrático.

AS PARTES DO PPP

Conforme as discussões avançam, outros itens podem ser colocados no documento. Sabemos que em muitas redes de ensino, é obrigatório que a escola apresente para as instâncias superiores um documento com seu PPP, inclusive como condição para recebimento de recursos financeiros. Nesses casos, por vezes a Secretaria de Educação exige um formato e a existência de determinados itens. Nada disso deve ser impeditivo para que a equipe pedagógica e a comunidade escolar se apropriem de modo autêntico do processo de elaboração do PPP. Uma coisa é ter o documento finalizado para entrega às instâncias superiores dentro do prazo. Outra coisa é continuar consultando o documento e trabalhando nele ao longo do ano, à medida em que acontece a implementação do projeto.

Neste tópico, apresentarei um conjunto dos itens mais importantes que normalmente compõem o PPP, sempre como sugestão que deve ser adaptada às condições e necessidades de cada realidade escolar, como também às exigências dos órgãos centrais. Em minhas pesquisas sobre PPPs, já pelos sumários percebo enorme variedade nos assuntos tratados e na organização desses documentos. Considero excelente essa diversidade, as diferenças entre os PPPs denotam autenticidade em sua elaboração. Por isso, aqui destaco as partes que considero indispensáveis, mas muitas outras podem compor o documento, a depender da necessidade e da criatividade das equipes escolares.

Introdução – Como em qualquer outro texto e como o próprio nome diz, esse item introduz o PPP, apresentando um resumo dos pontos principais que ele contém e contando como foi elaborado. Funciona como um convite para que as pessoas interessadas sigam lendo o documento.

Histórico e apresentação da escola e da comunidade escolar – Além de informações mais formais, como decreto de criação, data ou ano de início de funcionamento, mantenedora, essa parte advém do processo de levantamento de dados e de investigação da realidade escolar e do território. Os dados numéricos podem ser organizados na forma de tabelas e gráficos. Atenção: mais do que apresentar a escola e a comunidade de forma descritiva, é fundamental que a equipe pedagógica coloque no documento sua análise sobre os dados, indicando suas preocupações, questões reflexivas e posicionamentos.

Nossas concepções – Conforme já destacado, no processo de discussão sobre a realidade escolar e no debate sobre que problemas devem ser priorizados e como devem ser enfrentados, costumam vir à tona visões diferentes sobre as finalidades da educação, a missão e o papel da escola, que tipo de ser humano se deseja formar, quais as responsabilidades dos diversos segmentos envolvidos no processo educativo etc. Tais visões vêm de concepções que normalmente estão "ocultas", ou seja, nem sempre as pessoas são conscientes do que forma suas concepções ou do como e por que eles chegaram a pensar daquele jeito. Isso vale tanto para um profissional como a professora ou o professor, quanto para alguém leigo, como um familiar dos estudantes ou um trabalhador não especializado.

Essa é uma das grandes contribuições do processo de planejamento participativo da escola: propiciar que essas concepções venham à tona, que sejam confrontadas, discutidas. Nesse processo, normalmente o grupo percebe que suas concepções sobre questões fundamentais do processo educativo estão alicerçadas no senso comum, em ideias preconcebidas e até mesmo preconceitos, e que todos ali precisam de formação sobre certos conteúdos.

É comum que as propostas de formação entrem no plano de ação do PPP e, depois, conforme se avança nos encontros formativos, a equipe sente necessidade de explicitar no documento quais são as concepções que o fundamentam.

Nossos desejos, sonhos e metas – A partir da leitura da realidade e da escolha de um ou alguns focos de ação, sugere-se colocar no documento quais são os desejos e sonhos de mudança da escola, aonde ela quer chegar, como ela quer ser no futuro próximo. Algumas pessoas podem pensar que isso não passa de idealizar algo que não se pode alcançar, mas insistimos que os sonhos coletivos precisam ser expressos para que se imagine também as formas de realizá-los. Por isso é necessário definir metas, que são formulações de texto mais práticas e realistas. Se os sonhos servem de inspiração e força mobilizadora, as metas vão delineando os passos para realizá-los.

Plano de ação – Conforme já indicado, o plano de ação é um item indispensável na elaboração do PPP, pois é o que vai guiar a organização para colocar o projeto em realização, com prazos e responsáveis pelas ações.

Acompanhamento e avaliação do PPP – Esse item contém indicações de como a equipe pretende acompanhar a realização do projeto, de modo a fazer uma avaliação contínua de sua implementação. Assim, é preciso prever alguns momentos do ano para discutir, de modo organizado, se o planejamento está sendo de fato realizado, observando pontos que estão funcionando e também aqueles que não estão dando certo, discutindo as causas para esses desacertos. Isso permite redirecionar rotas, replanejar.

DIVULGAR, USAR E VIVER O PPP

Se a LDB delega às unidades escolares a tarefa de elaborar sua proposta pedagógica, e se isso vem sendo exigido pelos sistemas de ensino, cabe à escola realizar essa determinação não apenas para obedecer a lei. As pesquisas sobre PPP vêm mostrando que sua elaboração, quando feita de modo autêntico, leva a equipe pedagógica ao necessário exercício de reverse, refletir sobre suas concepções e práticas e, assim, sair do automatismo e da inércia. Isso mobiliza mudanças na escola como um todo, nas relações entre todos os segmentos que compõem a comunidade escolar, nas práticas pedagógicas das professoras e dos professores e, por vezes, até no entorno, no território onde a escola está inserida.

Tão importante quanto elaborar o PPP é tê-lo sempre à mão para consultas e criar meios para divulgá-lo amplamente para a comunidade escolar e o território onde se localiza a escola. Muitos são os relatos de estudantes de licenciaturas que, ao procurarem escolas para realizar seus estágios curriculares supervisionados, e perguntarem pelo PPP, recebem respostas evasivas ou descobrem que o documento está guardado a sete chaves em alguma gaveta.

Trabalhamos com três hipóteses: 1) tanto num caso como no outro, é possível que o PPP não exista...; 2) o PPP existe, mas a equipe responsável pela escola pode considerar que ele esteja mal elaborado, incipiente e ter uma certa vergonha de entregá-lo a algum observador externo...; 3) o PPP existe, mas a direção ou coordenação pedagógica da escola pode entender que ele é um documento privativo da unidade e que não deve circular. As três hipóteses são inaceitáveis, pois o PPP é um documento público. Qualquer cidadã ou cidadão, mesmo que não faça parte da comunidade escolar, poderia solicitá-lo e a ele ter acesso. Aliás, não deixar o PPP disponível para qualquer pessoa interessada contraria os pressupostos políticos e teóricos que embasam sua existência na legislação, aqui já apresentados: o ideal de planejamento coletivo e participativo como exercício de democracia na escola.

Muitas são as ocasiões em que o PPP precisa ser consultado e outras tantas as oportunidades para sua divulgação. Darei algumas sugestões para isso, mas muitas outras podem ser inventadas. No início do ano letivo algumas equipes gestoras costumam convocar uma grande reunião com estudantes, familiares, todos os profissionais da escola e a comunidade do entorno para apresentar as linhas gerais de seu PPP e o trabalho que será desenvolvido ao longo daquele ano.

Um folheto com um resumo do PPP pode ser distribuído às pessoas presentes nessa ocasião, como também pode ser ampliado na forma de cartaz a ser pendurado em local bem visível. Outra iniciativa é imprimir o documento e deixá-lo disponível na secretaria da escola, pois normalmente esse é o local que faz atendimento do público em geral. Quem trabalha na secretaria deve ser instruído a convidar as pessoas que procuram a escola a conhecer o PPP.

Também é recomendável deixar o documento disponível em formato digital no site da escola ou em suas redes sociais. Fundamental, ainda, é distribuí-lo, impresso ou em formato digital, para toda a equipe pedagógica, pois o PPP deve ser o guia orientador a ser consultado cotidianamente. Aliás, ele deve ser apresentado e entregue a novos funcionários da escola, sejam professores, administrativos ou de apoio. O mesmo vale para situações de transição de equipe gestora. O PPP deve ser o primeiro documento a ser lido e estudado por alguém que vá ocupar o cargo ou função de direção, assistência de direção, coordenação pedagógica ou secretaria escolar.

Por fim, a consulta ao documento deve ser feita constantemente ao longo da implementação das ações, em momentos que exigirem alguma decisão importante por parte da equipe ou sempre que surgir uma nova iniciativa ou projeto. Um exemplo: faz parte do calendário da rede municipal de educação de São Paulo a realização de reuniões pedagógicas anuais. É importante consultar o PPP para decidir a temática, a programação e as parcerias para realização dessas reuniões, de modo a aproveitá-las na implementação do projeto político-pedagógico.

EM SUMA...

Como vimos ao longo deste capítulo, mais do que a elaboração de um documento, o processo de construção do PPP envolve sua realização como ação viva pela escola. Em muitos casos, devido à sobrecarga de trabalho e à correria do cotidiano, a ação termina avançando mais do que a redação do documento. Nem sempre as equipes encontram tempo para retornar ao documento e prosseguir o processo de sistematização.

Uma possível saída é aproveitar para fazer isso no início de cada ano, quando as escolas devem entregar o PPP para aprovação das instâncias superiores do sistema de ensino. Esse é o momento oportuno de fazer atualizações no documento. Uma vez entendida que a elaboração do PPP é um processo contínuo, não há sentido em refazer todo o documento ou elaborar um novo a cada ano. Conforme já sugerido no item "Acompanhamento e avaliação do PPP", o correto é fazer o balanço do ano anterior, avaliando o que deu certo e o que precisa ser melhorado, definindo novas metas a partir disso.

Na atualização, pontos considerados superados ou que já não fazem mais sentido podem ser retirados. Também é necessário incorporar elementos novos na escola. Alguns exemplos: o perfil dos novos alunos, algum equipamento novo instalado no território, alguma nova norma emitida pela Secretaria de Educação etc. Idealmente, seria bom registrar os aprendizados com o processo de planejamento participativo e as mudanças na compreensão da equipe sobre questões centrais do PPP.

As pesquisas mostram que, quando conseguem se dedicar regularmente à reescrita do PPP, as equipes se dão conta do caminho percorrido, de todo o esforço realizado e de como e quanto foram capazes de se transformar e, com isso, fazer da escola um lugar melhor para todas as pessoas que nela ensinam e aprendem.

Desigualdades, diferenças e diversidade

Neste capítulo, serão abordados os desafios da equipe gestora diante do necessário enfrentamento de desigualdades, discriminações e exclusão escolar, como também a valorização e promoção das diferenças na educação, com menção ao marco legal que ampara e orienta esse trabalho. Serão apresentados dados atualizados sobre desigualdades, discriminações e exclusão na educação brasileira e alguns exemplos consistentes de escolas que procuram enfrentar tais desafios.

Situações de conflito e por vezes de violência em torno de questões de classe, raça, gênero, deficiência, dentre outras, são desafios constantes das equipes pedagógicas de escolas públicas e privadas de todo o país. Esses conflitos não acontecem apenas entre estudantes, mas envolvem também as e os profissionais das escolas, familiares e outros segmentos da comunidade escolar. Ao mesmo tempo, levantamentos estatísticos e indicadores educacionais vêm demonstrando graves disparidades entre diferentes grupos populacionais no acesso, na permanência e no sucesso escolar no Brasil.

Aqui vou relacionar diretamente esses dois aspectos: conflitos-violência na escola e desigualdades educacionais porque a discussão sobre desigualdades na educação, seu enfrentamento e a promoção das diferenças têm a ver com o conceito de Direito Humano à Educação (DHE), sobretudo em como esse conceito, do ponto de vista jurídico, vem evoluindo ao longo de sua constituição histórica no mundo e no Brasil.

No plano internacional, a noção de DHE foi consagrada na Declaração Universal dos Direitos Humanos (DUDH) de 1948, da qual o Brasil é signatário. Em seu art. 26 a Declaração estabelece que "toda a pessoa tem direito à educação", que ela deve ser gratuita e obrigatória. A obrigatoriedade supõe e exige gratuidade, pois o Estado não pode obrigar as pessoas a frequentarem a escola se não há disponibilidade ou capacidade de atender a demanda.

Mesmo antes disso, já na Constituição Federal de 1934, o Brasil assumiu juridicamente a educação como "direito de todos" e dever dos Poderes Públicos (art. 149), como também indicou a necessidade do ensino primário gratuito, obrigatório e extensivo aos adultos (art. 150).

Na Constituição Cidadã de 1988, a educação passou a constar como o primeiro dos direitos sociais (art. 6º) e também ganhou *status* de *direito público subjetivo*, isto é, um indivíduo titular do direito garantido em lei para uma coletividade pode exigir dos Poderes Públicos sua efetiva realização para si, acionando para isso a norma jurídica, ou o próprio texto da lei.

Esse caráter se expressa no art. 208, que estabelece as obrigações do Estado para com o direito à educação, na correspondência entre obrigatoriedade e gratuidade. Nos parágrafos complementares do artigo fica nítido o novo *status* do DHE na lei máxima brasileira: "§ 1º O acesso ao ensino obrigatório e gratuito é direito público subjetivo. § 2º O não oferecimento do ensino obrigatório pelo Poder Público, ou sua oferta irregular, importa responsabilidade da autoridade competente" (CF 1988, art. 208, § 1º, § 2º).

> **Direito subjetivo na prática**
>
> Em 2016, o Tribunal de Justiça do Pará emitiu sentença obrigando uma escola estadual a matricular um adolescente com deficiência visual, cuja matrícula havia sido negada pela unidade. A ação foi movida pela mãe do jovem por meio de um mandado de segurança contra o Estado e contra o secretário de Educação.

Os demais incisos do art. 208 vão se complementando e dando consistência aos deveres estatais para com o DHE, como o inciso VII: "atendimento ao educando, em *todas as etapas da educação básica*, por meio de programas suplementares de material didático-escolar, transporte, alimentação e assistência à saúde" (grifos nossos). Até 2009, os programas suplementares eram destinados apenas aos estudantes do ensino fundamental. A Emenda Constitucional nº 59 estendeu esse direito às outras etapas da educação básica, isto é, à educação infantil e ao ensino médio.

Assim, podemos verificar a ampliação do DHE no texto constitucional ao longo do tempo, levando o Estado brasileiro a reconhecer que para efetivar o DHE não é suficiente oferecer apenas matrículas, pois, devido às gritantes desigualdades presentes na sociedade, uma grande parcela da população precisa de outros tipos de apoio para ingressar e permanecer na escola.

No século XX, sobretudo a partir da década de 1950 até o final dos anos 1990, o Brasil passou por uma enorme ampliação da escolarização, como mostra a Tabela 1.

Tabela 1 – Número de matrículas por níveis de ensino no Brasil no final das décadas de 1940 a 1990

Ano	Primário	Secundário	Superior
1949	4.951.369	365.851	37.584
1959	7.141.284	814.690	---
1969	12.294.343	3.629.375	---
1979	22.025.449	2.658.078	1.311.799
1989	27.557.542	3.477.859	1.518.904
1999	36.059.742	7.769.199	2.369.945

Fonte: Elaborada por Caroline Oliveira, com dados da página "Estatísticas do Século XX", do IBGE. Disponível em: https://seculoxx.ibge.gov.br/populacionais-sociais-politicas-e-culturais/busca-por-temas/educacao.html.

A análise do total de matrículas ao final de cada uma das seis décadas destacadas na Tabela 1 permite perceber o enorme crescimento da população escolar no país ao longo do século XX. Comparando-se os anos de 1949 e 1999, houve crescimento de mais de 728% no ensino primário, de mais de 2.100% no secundário e de mais 6.300% no superior.

Tal expansão se deu de forma precária, por meio de escolas com estrutura física insuficiente, salas superlotadas, múltiplos turnos (e consequente redução da jornada dos alunos), professores sem formação adequada e remuneração digna. Ainda assim, tal expansão precarizada foi o que garantiu o acesso aos setores mais pobres da população, que, muitas vezes sem as condições materiais e simbólicas para permanecer na escola e concluir seus estudos com sucesso, eram submetidos a reprovações e repetências que culminavam com o abandono e, por fim, com a evasão escolar. Em tempo: configura-se abandono quando o aluno deixa de frequentar a escola, mas retorna no ano seguinte, enquanto evasão se refere à saída definitiva da escola, sem retorno ao sistema escolar.

A Tabela 2 mostra os dados de repetência escolar em cada uma das oito séries do então chamado ensino de 1º grau, ao longo da década de 1980. Chamam a atenção as altas taxas de repetência logo na primeira série, o que significa que mais de 50% das crianças eram reprovadas já em seu primeiro ano na escola e precisavam "repetir" a série cursada.

Tabela 2 – Taxa de repetência de 1ª a 8ª série, 1981 a 1990, no Brasil, em percentuais

	1ª série	2ª série	3ª série	4ª série	5ª série	6ª série	7ª série	8ª série
1981	57,1	28,2	22,3	18,5	34,5	29,9	27,1	20,5
1982	59,4	30,3	23,8	20,3	36,5	31,8	28,8	22,8
1983	57,8	31,0	24,7	21,2	37,5	32,5	29,6	23,3
1984	55,5	31,9	24,7	21,8	39,1	33,5	29,6	22,4
1985	51,2	33,8	25,1	22,6	39,8	33,1	28,5	21,4
1986	50,8	36,2	26,7	23,4	40,5	34,4	30,3	22,7
1987	49,3	36,4	26,8	23,1	40,4	33,8	29,8	22,6
1988	50,5	36,2	27,4	24,1	40,7	33,2	28,9	22,1
1989	47,9	34,6	26,6	23,3	40,9	33,6	29,1	22,4
1990	44,7	33,7	26,0	23,3	41,3	34,1	29,8	23,3

Fonte: Tabela retirada do artigo "A pedagogia da repetência ao longo das décadas", de Ruben Klein e Sérgio Costa Ribeiro. Disponível em: http://educa.fcc.org.br/pdf/ensaio/v03n06/v03n06a05.pdf.

EXCLUSÃO *DA* ESCOLA

A partir da década de 1990, o acesso à escola seguiu sendo ampliado rumo à universalização do atendimento nas etapas obrigatórias da educação básica. Segundo o IBGE, em 2019 a taxa de atendimento escolar era de 99,7% para crianças de 6 a 14 anos. Apesar de todo esse avanço, estavam fora da escola no Brasil 1,1 milhão de crianças e adolescentes de 4 a 17 anos, ou seja, 2,7% da população na faixa etária de frequência escolar obrigatória, sendo que 70% delas eram negras. A maioria está concentrada nas "pontas" da faixa obrigatória, sendo 7,1% de crianças de 4 e 5 anos e 7% de adolescentes de 15 a 17 anos, justamente as faixas inseridas na obrigatoriedade pela Emenda nº 59.

Estudo do Fundo das Nações Unidas para a Infância (Unicef) com esses dados do IBGE de 2019 revelou que 41,5% das respostas dos adultos para a não frequência das crianças de 4 e 5 anos incluíam motivos como não ter vaga, não ter escola ou a escola ficar distante e "escola ou creche não aceitar a criança por conta da idade". Para as crianças de 6 a 10 anos, 40,7% das respostas de familiares ou responsáveis alegaram falta de vaga, não ter escola ou a escola ficar distante da residência. As explicações para a não frequência de crianças de 11 a 14 anos incluíam desinteresse pelos estudos (37%), trabalho ou busca por trabalho (5,9%), não ter escola na localidade ou escola distante (3,9%), falta de vaga na escola ou no turno desejado (6,8%), gravidez (6,9%), dedicação a afazeres domésticos ou cuidado com outras pessoas (3,1%). Para além dos problemas específicos dos sistemas educacionais, as respostas indicam o quanto uma parcela significativa das crianças brasileiras encontra-se desprotegida e destituída de direitos básicos.

Para os adolescentes de 15 a 17 anos, os motivos de estarem fora da escola eram: falta de interesse pelos estudos (38,2%), trabalho ou busca por trabalho (14,6%), não tem escola ou faculdade na localidade ou ficam distantes (3,0%), falta de vaga na escola ou no turno desejado (3,4%), gravidez (11,4%), dedicação a afazeres domésticos ou cuidado com outras pessoas (11%).

Assim, podemos perceber que, de modo geral, o acesso à escola no Brasil ampliou-se significativamente, sobretudo no ensino fundamental, embora os problemas da exclusão escolar e da falta de vagas não estejam totalmente resolvidos.

Um exemplo gritante e recente aconteceu na cidade de São Paulo, maior capital da América Latina e a 17ª cidade mais rica do mundo, de acordo com ranqueamento internacional de 2023. No início de 2022, segundo dados levantados por veículos da imprensa, 14 mil crianças com idade de ingresso no primeiro ano do ensino fundamental ficaram sem vaga na capital paulista, tanto em escolas municipais quanto estaduais, tendo sido o maior déficit nas zonas sul e leste, isto é, em bolsões de pobreza. Para solucionar o problema, a Prefeitura anunciou que aumentaria o número de crianças por turma e que salas de informática e de leitura seriam transformadas em salas de aula. Essas são soluções improvisadas, que ferem a qualidade da educação. Tudo isso mostra que a garantia do acesso à educação básica *obrigatória e gratuita* dos 4 aos 17 anos ainda não está universalizada, conforme preconiza a Constituição Federal.

EXCLUSÃO *NA* ESCOLA

Além da questão ainda não totalmente resolvida do acesso, ao longo do processo de ampliação da escolarização no Brasil, as pesquisas vêm revelando que uma significativa parte da população que ingressa na escola não alcança sucesso escolar, ou seja, não consegue concluir o ensino fundamental e médio sem atrasos e interrupções e tendo aprendido o conteúdo esperado. Por exemplo, a taxa média de distorção idade-série no Brasil em 2022, considerando escolas públicas e privadas, urbanas e rurais, de ensino fundamental e médio, era de 7,1%. Isso significa que a cada 100 estudantes, 7 estavam com atraso escolar de 2 anos ou mais, segundo dados do Indicador de Distorção Idade-Série 2022, do Instituto Nacional de Estudos e Pesquisas Educacionais Anísio Teixeira (INEP).

Embora essa taxa venha diminuindo ao longo do tempo (era de 23% em 2006), ainda é considerada alta. E quando analisamos os dados desagregados, isto é, separados por categorias, percebe-se que essa taxa média geral esconde acentuadas desigualdades para diferentes grupos populacionais, de acordo com a renda familiar, a localização da escola, o pertencimento étnico-racial etc. Vejamos apenas três exemplos:

- a taxa média de distorção idade-série do ensino fundamental e médio no Brasil em 2017 era de 20%; essa taxa era de 45,5% em áreas de assentamento; 30,5% em áreas remanescentes de quilombos e 29% em terras indígenas;
- a taxa média de distorção idade-série no ensino fundamental no Brasil em 2018 era de 17,2%; mas baixava para 4,9% nas escolas privadas e subia para 19,7% nas escolas públicas, mostrando que se a renda familiar é menor, o atraso escolar é maior;
- a taxa de distorção idade-série para o ensino médio no Brasil em 2020 era de 11,7% entre estudantes brancos e 21,4% entre estudantes negros.

As desigualdades também estão presentes no tocante ao desempenho escolar, ou seja, ao aprendizado. Vejamos alguns dados:

- o indicador médio de proficiência de estudantes brancos na prova de Língua Portuguesa do SAEB 2019 (Sistema de Avaliação da Educação Básica) foi de 284,1, contra 267,4 de estudantes negros, uma diferença de 16,7 pontos;
- em Matemática, o indicador foi de 281,4 para brancos e de 263,8 para negros, diferença de 17,6 pontos.
- no 5º ano do ensino fundamental em escolas públicas, o percentual de estudantes com desempenho adequado em Língua Portuguesa foi de 65% para brancos e 55% para negros.
- no 9º ano, esse indicador foi de 46% entre brancos e 33% entre negros.

Ainda no quesito distorção idade-série, vejamos a situação das redes públicas do estado mais rico da federação. Segundo o Censo Escolar 2020, o número total de estudantes das redes municipal e estadual em distorção idade-série no estado de São Paulo era 514.027, ou 9,3% dos matriculados no ensino fundamental e médio. Quando se desagrega os dados por cor/raça e deficiência, as disparidades começam a se revelar. Entre estudantes negros, a taxa é de 24,73%, seguidos de indígenas (15,76%) e brancos (8,14%). Entre estudantes com deficiência, a taxa de distorção idade-série ficou em 28,13% diante de 8,81% entre estudantes sem deficiência. O Quadro 4 mostra a evolução desses números no período de 2015 a 2020.

Quadro 4 – Percentuais de estudantes em distorção idade-série nas redes municipais e estadual de São Paulo (2015-2020)

	2015	2016	2017	2018	2019	2020
Brancos	8,23	8,73	8,88	8,68	8,2	8,14
Indígenas	15,91	17,31	17,54	17,65	15,85	15,76
Negros	25,13	26,5	27,03	26,62	25,08	24,73
Média SP	10	10,4	10,4	10	9,4	9,3
Com def.	38,39	36,84	35,75	31,78	31,04	28,13
Sem def.	9,68	10,04	10,22	9,37	9,19	8,81

Fonte: Elaboração da autora, com dados do projeto Trajetórias de Sucesso Escolar, com base no Censo Escolar 2020. Disponível em: https://trajetoriaescolar.org.br/painel/estado/35/2020/.

Destaquei aqui os dados de distorção idade-série porque esta normalmente é causada por repetência decorrente de reprovação, sendo um dos principais fatores que geram baixa autoestima no aluno, levando ao abandono e, finalmente, à evasão escolar. Ou seja, o aluno é reprovado uma vez, então é obrigado a cursar a mesma série ou ano; depois vem a ser reprovado novamente, não necessariamente na mesma série ou ano, mas isso vai fazendo com que fique mais e mais atrasado em relação ao restante da turma. Então ele se sente rebaixado, incapaz, o que o leva, por vezes junto com outros fatores (a necessidade de trabalhar para complementar a renda familiar, por exemplo), a abandonar aquele ano letivo, retornando à escola posteriormente, ainda mais atrasado, o que gera um ciclo vicioso até que ele termina por se evadir de vez. Podemos dizer que esses são alunos excluídos *da* escola.

Tão grave quanto isso é o fato de muitos estudantes concluírem os estudos na etapa do ensino fundamental ou médio sem aprender o mínimo que se espera. Nesse caso estou falando da exclusão *na* escola. Dados alarmantes que expressam essa situação vêm do Indicador de Alfabetismo Funcional (IAF), realizado pelo Instituto Paulo Montenegro (IPM) e pela ONG Ação Educativa, em parceria com o Ibope. Em cada edição, o INAF entrevista e aplica um teste cognitivo de alfabetismo a uma amostra representativa da população brasileira entre 15 e 64 anos de idade. Os resultados são organizados em cinco níveis de alfabetismo: 1) analfabeto; 2) rudimentar; 3) elementar; 4) intermediário; 5) proficiente. Os dois primeiros compõem o grupo de analfabetos funcionais e os três últimos são funcionalmente alfabetizados.

Ao longo das dez edições, o INAF vem demonstrando que quanto maior a escolaridade, maior o nível de alfabetismo, como é esperado. Entretanto, chama a atenção o alto percentual de pessoas com escolaridade de ensino médio alocadas nos níveis mais baixos de alfabetismo. No INAF 2018, dentre os participantes que estavam cursando ou já tinham concluído o ensino médio, 12% estavam em situação de analfabetismo funcional, 42% alfabetizados em nível elementar e apenas 45% em alfabetismo consolidado. Dentre as que haviam concluído ou estavam cursando do 6º ao 9º ano do ensino fundamental, 34% encontravam-se em situação de analfabetismo funcional, 45% no nível elementar e só 21% no nível de alfabetismo consolidado. De certa forma, isso explica o contingente cada vez maior de jovens que procuram a Educação de Jovens e Adultos (EJA) para cursar o ensino médio, pois já concluíram o ensino fundamental, mas terminam por serem alocados em agrupamentos ainda dessa etapa, uma vez que, nos testes de proficiência aplicados pelas escolas, não demonstram domínio sobre conhecimentos e habilidades esperados para a etapa mais avançada.

Todos esses dados e muitos outros estão disponíveis para consulta em repositórios na internet. Aqui importa destacar que as desigualdades entre os grupos comparados nada tem a ver com capacidade intelectual. Tais disparidades escolares refletem as graves e históricas desigualdades socioeconômicas que constituem a sociedade brasileira. Ao mesmo tempo, muitos estudos e pesquisas vêm demonstrando que o ambiente escolar não só reflete as desigualdades sociais, mas também pode reforçá-las ao perpetuar a cultura do fracasso escolar. Isto é, a sociedade em geral, e o sistema educacional em particular, naturaliza (aceita com naturalidade) o fato de que certos grupos da população não consigam, ou melhor, sejam impedidos de realizar e concluir sua trajetória escolar com sucesso.

As equipes pedagógicas das escolas, devidamente apoiadas pelas Secretarias de Educação, têm importante papel a cumprir para combater essa naturalização, especialmente as e os profissionais que ocupam cargos ou funções de gestão escolar, como poderemos constatar nos vários exemplos apresentados na sequência.

O DESAFIO DA EQUIDADE

Como se pode concluir pelo quadro até aqui apresentado, se nas últimas décadas o Brasil avançou na democratização do acesso à escola, ainda tem uma enorme dívida para com as crianças, adolescentes, jovens e adultos que ingressam no sistema escolar, mas terminam não usufruindo do direito à educação de qualidade.

Nesse sentido, desde as primeiras décadas do século XX, muitos debates vêm acontecendo em torno do tipo de educação oferecida, a quem ela favorece, quem ela prejudica, sobretudo na escola pública. Se a ampliação do acesso à escola foi resultado de lutas históricas dos setores excluídos em aliança com movimentos de educadoras e educadores e com outros setores progressistas da sociedade, esses grupos também vêm lutando para modificar o currículo escolar, o modo como se faz educação, a fim de que ela seja um direito realmente efetivo.

Podemos citar, como exemplo, as lutas dos movimentos sociais de pessoas negras, feministas e de mulheres, LGBTQ+, indígenas, quilombolas, do campo e com deficiência. Embora sofram discriminações e tenham reivindicações específicas, todos esses setores, de modo geral, lutaram e lutam não só por ingressar na escola, mas para dentro dela serem respeitados, por uma educação que não as trate como inferiores, que reconheça e desenvolva suas potencialidades.

As reivindicações e proposições de grupos sociais historicamente marginalizados e excluídos e as formulações teóricas daí resultantes vêm alargar e ressignificar a noção de DHE em todos os aspectos do sistema, da política e das relações educativas. Tudo isso traz novos desafios para as equipes pedagógicas e para o trabalho de gestão escolar, como veremos a seguir.

MUDANÇAS DA LEI COM REPERCUSSÃO NA ESCOLA

A título de exemplo do alargamento e ressignificação do DHE no Brasil, apresentarei aqui o caso da educação para as relações étnico-raciais, um dos mais desafiadores do sistema educacional brasileiro, em vista das desigualdades socioeconômicas entre os grupos populacionais branco e negro, refletidas na escola.

Quando da aprovação da LDB em 1996, foi considerada um avanço a determinação de que "o ensino da História do Brasil levará em conta as contribuições das diferentes culturas e etnias para a formação do povo brasileiro, especialmente das matrizes indígena, africana e europeia" (LDB, Lei nº 9.394/1996, art. 26, § 4º). A lei que precedeu a atual LDB não fazia qualquer menção à necessidade de se considerar as culturas que compõem a nação brasileira.

Uma das mudanças mais significativas nesse sentido foi operada pela Lei nº 10.639/2003, que alterou a atual LDB, adicionando um novo artigo no tópico sobre currículo, determinando a obrigatoriedade do ensino sobre História e cultura afro-brasileira na educação básica pública e privada. A Lei nº 10.639 ainda adicionou à LDB um artigo determinando a inclusão no calendário escolar do dia 20 de novembro como Dia Nacional da Consciência Negra (LDB, Lei nº 9.394/1996, art. 79-B), antiga reivindicação dos movimentos negros brasileiros pela data em que se dignifica a memória da morte do herói Zumbi dos Palmares, em 1695.

Como decorrência da Lei nº 10.639 e com a finalidade de regulamentar as alterações inseridas na LDB e orientar sua implementação, foram instituídas pela Resolução nº 1 do Conselho Pleno do Conselho Nacional de Educação, de 17 de junho de 2004, as Diretrizes Curriculares Nacionais para a Educação das Relações Étnico-Raciais e para o Ensino de História e Cultura Afro-Brasileira e Africana. Trata-se de documento de estudo obrigatório pelas equipes de Secretarias de Educação e das escolas do Brasil, pois as Diretrizes contêm parâmetros, princípios e orientações indispensáveis a um trabalho consistente de enfrentamento do racismo no campo da educação. O parecer que deu origem às Diretrizes foi relatado pela professora Petronilha Beatriz Gonçalves e Silva, primeira mulher negra a compor o Conselho Nacional de Educação, nomeada pelo Movimento Negro.

Posteriormente, a Lei nº 11.645/2008 veio adicionar nova alteração no art. 26-A da LDB, a fim de inserir a obrigatoriedade do ensino da cultura e da história indígena. Desse modo, a atual redação encontra-se assim expressa: "Nos estabelecimentos de ensino fundamental e de ensino médio, públicos e privados, torna-se obrigatório o estudo da história e cultura afro-brasileira e indígena" (LDB, Lei nº 9.394/1996, art. 26-A).

Em 2023 a Lei 10.639 completou vinte anos e, embora as pesquisas mostrem que sua implementação está aquém do que determina a legislação, é possível afirmar que ela vem provocando discussões e movimentação nas escolas e nas secretarias ou órgãos centrais de gestão da educação. Pesquisa realizada pela União Nacional dos Dirigentes Municipais de Educação (Undime) e pelo Instituto Alana, divulgada em 2023, mostrou que 58% de 1.187 municípios respondentes informaram ter feito modificações em seus documentos curriculares em atendimento à lei. No entanto, apenas 26% criaram equipe ou profissionais específicos para apoiar as escolas na implementação da 10.639.

Os professores, por sua vez, dizem ter dificuldades em mudar suas práticas pedagógicas porque lhes falta formação sobre conteúdos relativos à história e cultura africana e afro-brasileira. Ainda assim, muitos profissionais e muitas escolas nos vários cantos do Brasil têm desenvolvido projetos voltados para a educação das relações étnico-raciais. Um exemplo é a EMEI Nelson Mandela, de São Paulo, que em 2004 iniciou um processo de reformulação de seu PPP para atender à Lei 10.639 e hoje é uma das principais referências de escola que avançou em uma proposta de educação antirracista. Junto com outras centenas de unidades escolares, ela consta da lista do projeto "Educar para igualdade racial e de gênero", mapeamento que vem sendo feito desde 2002 pelo Centro de Estudos das Relações de Trabalho e Desigualdades (CEERT).

QUALIDADE E EQUIDADE NA EDUCAÇÃO: O QUE A ESCOLA PODE FAZER

Até aqui apresentei três aspectos do DHE no Brasil: 1) os avanços legais decorrentes das lutas e proposições de movimentos sociais, sobretudo por parte de setores da sociedade historicamente excluídos; 2) a enorme, porém ainda incompleta, ampliação do acesso à educação escolar; 3) a exclusão educacional que se opera dentro do sistema escolar, perpetuando discriminações contra determinados grupos populacionais.

Esse quadro impõe enormes desafios para as equipes escolares, pois as desigualdades socioeconômicas e as discriminações presentes na sociedade brasileira adentram as escolas e, nesse espaço, ganham contornos específicos. Isso porque, além da missão de possibilitar às e aos estudantes a apropriação de conhecimentos científicos considerados legítimos, junto com eles e por meio deles, a escola também forma as pessoas com valores e comportamentos aceitos por determinada sociedade.

Na sociedade brasileira, tem sido aceito ou naturalizado o dado de 23.100 jovens negros mortos por ano, cerca de 63 por dia (Atlas da Violência 2020). Das 5.804 vítimas da polícia no Brasil em 2019, 75% eram negros e 65,1% dos policiais assassinados eram negros (Anuário Brasileiro de Segurança Pública 2020). Isso porque o racismo estrutural, herança do projeto colonial moderno, introjetou na mentalidade brasileira que as pessoas negras seriam inferiores, portanto, suas vidas valeriam menos.

Aqui se aceita, com naturalidade, que pelo menos 1.410 mulheres tenham sofrido feminicídio em 2022, sendo que em 80% dos casos o criminoso era ou tinha sido parceiro íntimo das vítimas (Fórum Brasileiro de Segurança Pública). Em 2019, foram registradas 66.123 ocorrências de estupro, 85,7% contra mulheres e em 80% dos casos os estupradores eram conhecidos das vítimas (Anuário Brasileiro de Segurança Pública 2020).

Também tem sido aceito e naturalizado o fato de que o Brasil é o país que mais mata pessoas trans no mundo, pelo 14º ano consecutivo, em 2022, segundo a Associação Nacional de Travestis e Transexuais (Antra). Fruto do machismo que também estrutura as relações sociais, a misoginia (ódio às mulheres) e a LGBTQ+fobia (ódio a pessoas não heterossexuais e não cisgêneras) também diminuem o valor das vidas de mulheres e de pessoas que não obedecem ao padrão cisheteronormativo.

E é nesse país em que se aceita como "natural" o fato de 1% da população mais rica concentrar 49,6% da riqueza nacional (Relatório da Riqueza Global, Banco Credit Suisse, 2021).

Obviamente, a escola não é a criadora de todas essas barbáries, mas as discriminações não só estão presentes dentro da instituição escolar, como ela contribui para a sua manutenção ao não desenvolver um currículo que as questione e desnaturalize. Em 2016, a Pesquisa Nacional sobre o Ambiente Educacional no Brasil ouviu 1.016 estudantes LGBTQ+ entre 13 e 21 anos de idade, em 26 UFs; 73% deles foram agredidos verbalmente e 27% fisicamente por causa de sua orientação sexual; 68% receberam agressões verbais e 25% tiveram agressões físicas devido a sua identidade ou expressão de gênero. Em outra pesquisa recente com mães e pais de crianças e jovens trans entre 5 e 17 anos, divulgada no final de 2021 pelo Grupo Dignidade, 77,5% informaram que seus filhos já foram vítimas de transfobia no ambiente escolar (violência física, verbal, *cyberbullying* etc.). Entre os adultos autores das violências, 56% eram professores.

Segundo a pesquisa "Percepções sobre o Racismo", realizada em 2023 para o Instituto de Referência Negra Peregum, 38% das pessoas que sofreram algum tipo de racismo relataram que a violência ocorreu dentro dos espaços de educação formal. Além disso, os dados que mostram desigualdades entre grupos raciais no acesso, na permanência e no desempenho escolar sugerem que junto com fatores extraescolares, alguma coisa acontece durante a passagem desses sujeitos *dentro* da escola que contribui para a descontinuidade, o atraso e a interrupção de sua trajetória escolar.

Assim, para além da imposição legal, as escolas são convocadas para o dever ético e moral do enfrentamento das históricas desigualdades e discriminações, dentro das limitações de seu campo de ação, a educação. Isso significa que a educação não vai resolver os graves problemas da sociedade brasileira, mas não pode ignorá-los.

No contexto de uma sociedade historicamente desigual e violenta, essa é uma tarefa para o conjunto de educadoras e educadores da escola, para a qual é indispensável a liderança da equipe gestora, encarregada de conduzir a elaboração e a implementação de um PPP comprometido com tal propósito. Esse trabalho não só deve ser apoiado como também é dever dos órgãos centrais do sistema educacional, do MEC à Secretaria Estadual/Distrital ou Municipal de Educação (às vezes com *status* de departamento ou diretoria) e suas subdivisões, passando pelos conselhos de educação e de políticas específicas da área.

ESTUDO, PROJETO E AÇÃO

As mazelas de nossa sociedade, como o racismo, o machismo, a LGBTQ+fobia, o capacitismo, entre tantas outras, desumanizam os grupos apontados como "diferentes" ou "anormais", como se a diferença residisse somente no "outro" e como se a "normalidade" fosse algo natural e não socialmente construída. A desumanização ocorre porque os sujeitos "diferentes" são considerados inferiores, portanto, menos humanos e, assim, passíveis de humilhação, de outros tipos de violência simbólica, dos mais cruéis tipos de violência física, que podem chegar até a eliminação. Por isso, a educação que procura enfrentar esse estado de coisas é, antes de tudo, um projeto contra a desumanização e a barbárie.

Tal projeto de educação não admite improviso, amadorismo, estratégias isoladas e soluções individuais. Ao contrário, exige planejamento, trabalho coletivo e coletivo de trabalho que sustentem estudos e reflexões constantes para um contínuo desvendar das artimanhas das ideologias que ocultam a realidade e que naturalizam as desigualdades e a desumanização. A partir do estudo coletivo sobre essas barbáries e da observação de como elas se fazem presentes na escola, a equipe vai inserir tais temáticas em seu PPP, com o plano de ação para um trabalho de curto, médio e longo prazo que se proponha a enfrentar as desigualdades e discriminações. O capítulo "O projeto político-pedagógico" discute o que é o PPP, como ele deve ser elaborado e como cumpre o papel de guia orientador para as ações da equipe escolar.

Minhas pesquisas junto a escolas no município de São Paulo e também em outras localidades do Brasil mostram que a decisão de tocar em temáticas como racismo, machismo, LGBTQ+fobia, dentre outras, pode enfrentar grande resistência e gerar embates, disputas, divergências e conflitos. Tais resistências aparecem a todo o momento e de todos os lados: de professores e outros educadores, de familiares e responsáveis e até mesmo de estudantes. Isso porque tais temas acumulam, há séculos, variadas camadas de relações de poder, crenças, encobrimentos, privilégios e dores. Não discutir tais problemáticas, fazendo de conta que elas não existem, aliás, é um forte dispositivo ideológico que garante a perpetuação dessas opressões.

Do ponto de vista individual, tocar de verdade nesses assuntos normalmente gera incômodos, descobertas desagradáveis, pois leva as pessoas a se confrontarem com os preconceitos e discriminações com os quais lidam, como vítimas, agressoras, ou às vezes em ambas as posições. Em suma, não é possível tratar seriamente desses temas na escola sem se implicar profundamente com eles. Do ponto de vista social e político, abordar essas questões significa questionar relações de poder e interesses, confrontando privilégios cristalizados de grupos poderosos.

Um exemplo é o preconceito religioso, melhor dizendo, o preconceito de religiosos fundamentalistas sobre quaisquer atividades escolares que tangenciam mitos e símbolos culturais relacionados a religiões de matriz africana. Estudos e pesquisas sobre a implementação da Lei nº 10.639 vêm se deparando com muitos casos de familiares que questionam escolas por coisas triviais, como o uso de alguma canção ou passagem de algum livro que mencione nomes ou histórias de Orixás.

Outro exemplo são os ataques dos mesmos fundamentalistas religiosos contra quaisquer menções, na legislação ou nos PPPs das escolas, ao tratamento de questões "de gênero". Isso ficou patente quando da tramitação do projeto de lei que deu origem ao atual PNE na Câmara dos Deputados. A bancada de fundamentalistas religiosos conseguiu suprimir menções às questões de gênero e orientação sexual. O trecho original falava em "superação das desigualdades educacionais, com ênfase na promoção da igualdade racial, regional, de gênero e de orientação sexual". A versão final de uma das diretrizes do Plano ficou assim: "superação das desigualdades educacionais, com ênfase na promoção da cidadania e na erradicação de todas as formas de discriminação" (PNE, Lei nº 13.005/2014, art. 2º, inc. III).

Parece a mesma coisa, mas não é, pois o primeiro passo para enfrentar um problema é reconhecê-lo por meio de sua explícita denominação e qualificação. "Promoção da cidadania" não é o mesmo que "promoção da igualdade racial, regional, de gênero e de orientação sexual". Cidadania, um termo muito prezado por todas as pessoas que lutam por justiça social e equidade, foi utilizado aqui como uma expressão genérica que apaga especificidades de situações de discriminações que rebaixam a condição cidadã de muita gente.

Essas não são questões meramente de moral individual ou de fé, como aparentam ser. De um lado, a disputa pela fé da população sempre movimentou interesses políticos e econômicos. Líderes religiosos que dominam a mentalidade e os corações das pessoas pela fé têm conseguido, de modo geral, também orientar o voto desses sujeitos, sem falar nas volumosas quantias de recursos financeiros que acumulam com as doações dos devotos. Assim, essas lideranças precisam manter o controle sobre o que pensa e como age seu "rebanho" em todos os aspectos da vida. Questionamentos dos devotos sobre alguma questão podem levar a dissidências em outros pontos, o que ameaça seu poder.

Assim, tratar dessas questões na escola significa se opor ou enfrentar uma sociedade estruturalmente violenta e isso não acontece sem os já mencionados embates, disputas, divergências e conflitos. Nem sempre isso vai se dar de forma explícita, mas muitas vezes acontece por meio de silenciosos boicotes, sobretudo quando se trata da equipe de educadores. Familiares e estudantes que discordam dessas temáticas, quando não estão dispostos ao diálogo, infelizmente costumam reclamar, acusar, fazer denúncias, ameaças e perseguições a professores. Mas professores e demais educadores nem sempre estão dispostos a expor seus argumentos (talvez por receio de serem facilmente derrubados) e, assim, preferem simplesmente boicotar as ações propostas.

Em todos esses casos, recomenda-se apelar para o princípio da dignidade humana, argumentando que o pertencimento étnico-racial, a identidade de gênero ou a orientação sexual de uma pessoa não a torna menos humana que as demais. E a escola tem o dever de educar contra as barbáries que desumanizam parcelas inteiras da população. Professoras e professores que se recusam a trabalhar tais temáticas, seja por motivações religiosas ou quaisquer outras, precisam entender que estão contribuindo para a desumanização.

De todo modo, o fato de nem todos concordarem com a proposição do tratamento de temas relativos a desigualdades e discriminações não significa que se deva desistir deles. Até porque tratar desses temas na escola é uma determinação da Constituição Federal, da LDB e do PNE, além de ser um dever ético e moral de educadoras e educadores comprometidos com uma educação integral e emancipadora.

Mãos à obra

Vou apresentar alguns passos que já foram trilhados por algumas escolas e que podem inspirar outras unidades para que cumpram efetivamente as leis educacionais brasileiras, inserindo em seus projetos pedagógicos e em seus currículos temas relativos às desigualdades e discriminações estruturais que causam prejuízos ao direito à educação de enormes parcelas da população. Eles não significam uma receita a ser estritamente "copiada", mas poderão servir de inspiração para que cada unidade escolar vá criando seu projeto de trabalho com essas temáticas.

O primeiro ponto a se considerar é que tratar de "certos" temas exige mudanças substantivas na escola, pois temáticas como racismo e machismo não se restringem a algumas áreas curriculares e às relações entre professores e alunos na sala de aula, mas passam necessariamente pela equipe de gestão pedagógica e pelo PPP. Pesquisas vêm mostrando que temas relativos à história e às culturas africanas, afro-brasileiras e indígenas, por exemplo, terminam ficando confinados a componentes curriculares como História e Artes, quando muito, entram em Língua Portuguesa pela via da literatura. Outro péssimo exemplo é deixar para os professores de Biologia as questões de identidade de gênero e orientação sexual.

Feita essa consideração, é importante aproveitar o momento de elaboração ou revisão do PPP para pautar essas temáticas como pontos a serem discutidos pela equipe e inseridos no projeto. Provavelmente, elas vão demandar estudos e formação por parte da equipe e isso pode ser feito em paralelo à realização da prática pedagógica. Ou seja, é necessário um tempo inicial de preparação, em que a equipe busca referências para estudos e apoio para seus processos formativos, mas é preciso tomar cuidado para que esse período não se prolongue demais e vá adiando o início da ação propriamente.

O mais recomendável é instaurar um processo de ação-reflexão-ação, que se configura como pesquisa sobre a própria prática. Trata-se de um ciclo virtuoso proveniente da teoria pedagógica de Paulo Freire, por meio do qual um grupo de educadores propõe determinada ação ou projeto, começa a realizá-lo e, durante sua implementação, vai avaliando coletivamente suas práticas, refletindo sobre elas e a elas retornando, como parte de um processo contínuo de formação e de autoria coletiva. Esse processo exige documentação e registro escrito sistemático, dispositivo indispensável para organizar o trabalho de todos e garantir a memória das decisões e de sua realização, o que facilita os momentos de reflexão sobre a ação e sua avaliação. De quebra, o registro vai sendo incorporado no documento do PPP, que, como já sabemos, é fundamental para consolidar a identidade da escola.

Pés no território

Na EMEF Pedro Américo, localizada na Vila Bancária Munhoz, região da Brasilândia, zona noroeste da capital paulistana, durante as reuniões de organização escolar de 2022, a equipe se deu conta de que pouco conhecia sobre o território escolar, pois ninguém soube responder sobre a existência de alguma organização comunitária dos arredores e tampouco sobre o que as pessoas da comunidade produzem. Diante dessa constrangedora ignorância, a equipe se propôs a conhecer o bairro, por meio de entrevistas com moradores antigos do local e de um mapeamento de organizações da comunidade. Isso fatalmente levou as educadoras e os educadores a se depararem com desigualdades sociais, raciais e de gênero. Vamos ler um trecho do PPP 2023 da escola:

"Buscar conhecer a Divineia [antigo nome do bairro], as famílias, as crianças e os adolescentes de nossa escola pelos vieses de raça e gênero aproxima-nos de uma perspectiva mais crítica da História do Brasil e da formação das grandes cidades, fazendo emergir histórias compartilhadas de segregação e de resistências de determinados grupos como sujeitos ativos na construção de nossa sociedade".

A equipe teve a preocupação de que suas buscas por conhecer o território pudessem colaborar para que a comunidade também constitua conhecimento sobre si. Assim, com participação dos estudantes da Imprensa Jovem, supervisionados pelo professor orientador do projeto, estão sendo criados um álbum-mural (exposição fotográfica) e um canal de entrevistas para compor um tipo de "museu da pessoa" local. Os estudantes também estão documentando sua vida na comunidade.

Conforme vimos no caso da EMEF Pedro Américo, a inclusão de temas de enfrentamento de discriminações e desigualdades e da promoção da diversidade no PPP é desencadeadora de uma série de ações práticas, sendo a primeira delas a necessidade de formação da equipe, por meio de estudo, encontros com pessoas convidadas que pesquisam tais temáticas etc.

Busca de apoio – pode ser feita junto às instâncias de apoio pedagógico da Secretaria de Educação, universidades, pesquisadores de outras instituições ou autônomos, professores de outras escolas da educação básica com experiência no assunto. O diálogo com pessoas e instituições que possuam alguma expertise com essas temáticas facilita bastante o trabalho, sobretudo porque sabemos que o professorado dispõe de pouco tempo, em sua carga horária, para planejamento e pesquisa. Além de oferecer palestras, esses especialistas podem ajudar com a organização de um programa de estudos pela equipe, indicando tópicos e uma seleção de textos para leitura. Visitar unidades escolares que já estão com projetos mais avançados nessas áreas e dialogar com suas equipes é uma ótima maneira de se inspirar e perceber que esse tipo de ação é possível.

Estudos individuais e coletivos – com o programa de estudos, as leituras dos textos podem ser feitas individualmente para discussão nos encontros coletivos, com mediação de quem ocupa a função de coordenação pedagógica. Como uma forma de distribuir trabalho e tornar todos corresponsáveis pelo projeto, uma dica é, a cada encontro, deixar uma pessoa da equipe responsável pela explanação de cada um dos textos previstos. Junto com a coordenação pedagógica, essa pessoa ajuda a animar o restante do grupo, destacando trechos do texto, levantando questionamentos, dúvidas etc. Atenção: além de textos teóricos é fundamental conhecer a legislação nacional e local que respalda e orienta o trabalho pedagógico com tais temáticas.

Inclusão dos temas no PPP – conforme a equipe avança nos estudos dos temas, deve inseri-los no PPP, escrita essa que já é uma forma de registro e sistematização do processo. No PPP, recomenda-se escrever as motivações para o trabalho com essas temáticas, a compreensão que a equipe tem sobre elas e as proposições pedagógicas para seu tratamento na escola, por meio de um plano de ação específico.

Ações junto às instâncias de gestão coletiva – como forma de engajamento de todos os segmentos da comunidade escolar no projeto, é importante apresentá-lo e discuti-lo com o Conselho de Escola, a APM, o Grêmio Estudantil e quaisquer outras instâncias. Apesar do risco de conflitos, isso é estratégico para ganhar apoio, pois vai se chegando a consensos possíveis e aquelas pessoas que vão se convencendo da importância do projeto ajudam a persuadir as demais. No caso dos estudantes, a escola pode pensar em formas de apoiá-los para que desenvolvam ações autônomas relacionadas à temática. Em muitas unidades escolares, crianças e jovens têm constituído coletivos feministas, antirracistas e anti-LGBTQ+fóbicos e é importante que recebam apoio.

Ações junto às famílias e comunidade – em paralelo ao trabalho pedagógico com estudantes, é necessário envolver familiares e outros interessados da comunidade do entorno da escola. No caso das famílias, é importante que elas saibam por que e como certos temas estão sendo tratados na escola, a obrigatoriedade determinada pela legislação, os efeitos desse trabalho, o engajamento dos estudantes etc. Na rede municipal de São Paulo, muitas escolas têm aproveitado as reuniões pedagógicas previstas no calendário anual para realizar encontros formativos abertos a famílias e à comunidade em geral. Alguns familiares poderão inclusive apoiar o processo de formação apresentando seus saberes.

Escola da Família

Na EMEI Nelson Mandela, no questionário de caracterização das crianças e seus familiares ou responsáveis, preenchido no ato da matrícula, são feitas duas perguntas que possibilitam um movimento de mão dupla. A primeira é sobre temas que as famílias gostariam de ver tratados na escola. De acordo com Sol Miranda, coordenadora pedagógica em 2016 e 2018, apareciam assuntos relacionados ao desenvolvimento da criança, como desfralde, uso de chupeta, alimentação etc. Então a equipe gestora criou o projeto Escola da Família, na forma de rodas de conversa, para tratar dos temas indicados. "E nesse momento a gente aproveitava para também apresentar temáticas que estavam estruturando a nossa proposta pedagógica", explica Sol.

A outra pergunta é sobre temas em que pessoas das famílias têm domínio e experiência, o que possibilita à escola acessar um verdadeiro mapa de tesouros. Ao longo do ano, familiares são convidados a participarem dos encontros do Escola da Família como formadores da equipe pedagógica, falando e demonstrando seus saberes, como educação especial inclusiva, religiões de matriz africana etc.

Obviamente, o roteiro proposto exige condições de trabalho que nem sempre estão presentes nas redes públicas brasileiras. A principal delas é ter tempo na jornada para planejamento e trabalho coletivo. A Lei nº 11.738/2008 (Piso Salarial Nacional para os Profissionais do Magistério Público da Educação Básica) estabeleceu limite máximo de dois terços da jornada para atividades de interação com os educandos (Lei nº 1.738, art. 2º, § 4º), o que supõe que o terço restante seja dedicado a estudo, planejamento, atendimento à comunidade etc. No entanto, isso ainda não se concretizou plenamente como realidade.

As escolas também necessitam de apoio pedagógico das Secretarias de Educação e de recursos financeiros para a contratação de assessoria, compra de materiais pedagógicos, realização de pesquisas e eventos etc. Conforme apresentado no capítulo "Gestão financeira", existe um programa do Governo Federal que destina recursos a todas as escolas de educação básica do Brasil, o PDDE, que pode ser utilizado para esse tipo de ação.

Gestão financeira

Este capítulo é direcionado à gestão financeira da escola pública, uma vez que essa função é muito diferente na rede pública e na rede privada. Assim, o foco aqui é o papel e a responsabilidade da equipe gestora na gestão financeira da unidade escolar, considerando os recursos de manejo direto da escola e as exigências da gestão financeira no setor público.

Em qualquer instituição, a função financeira abrange análises, decisões, atividades, tarefas e procedimentos relativos à obtenção, à utilização, ao controle e à prestação de contas de recursos financeiros. Na escola privada, tudo isso está ligado à obtenção de recursos via cobrança de mensalidades, ou aporte de mantenedores, no caso das instituições confessionais, o que não acontece na escola pública. Além disso, a escola particular é responsável pela gestão de todos os recursos que arrecada, pois ela arca diretamente com todas as despesas decorrentes de sua atividade, da remuneração de professores e outros profissionais à conta de água e energia elétrica.

De modo distinto, a equipe gestora da escola pública não lida diretamente com todas as receitas e despesas envolvidas em sua manutenção. Isso porque as receitas aplicadas na educação pública são provenientes da arrecadação de impostos, cuja gestão cabe a órgãos centrais do Poder Executivo, seja no nível federal, estadual/distrital ou municipal.

Ou seja, a unidade escolar não arrecada impostos. E a execução da maior parte das despesas do setor educacional público é feita diretamente por esses órgãos centrais, como o pagamento de servidores (professores e outros), de serviços como fornecimento de água, saneamento e energia elétrica etc. Assim, a escola pública é responsável por apenas uma parte de recursos que são transferidos para ela por meio de políticas e programas específicos e por aqueles que ela própria arrecada, como os resultantes de doações de pessoas físicas e jurídicas, contribuições advindas de festas e outras atividades.

Como todas as demais funções da educação, a gestão financeira também deve estar voltada para o cumprimento da finalidade máxima da escola, que é "o pleno desenvolvimento da pessoa, seu preparo para o exercício da cidadania e sua qualificação para o trabalho", conforme determinado no art. 205 da Constituição Federal. Assim, somada à gestão administrativa e pedagógica, a gestão financeira deve contribuir para que a escola cumpra seu objetivo maior, que é o de formar pessoas de modo pleno.

A gestão financeira engloba as dimensões de análise, decisão, execução e prestação de contas. Analisar, decidir e executar são os três verbos fundamentais da gestão de modo geral, o que permite traçar um paralelo com o processo de elaboração e implementação do PPP. Aliás, o PPP também é o documento de orientação para tudo o que envolve a gestão financeira da escola, pois as decisões sobre em que e como deve ser gasto o dinheiro devem considerar o planejamento para o ano contido no projeto pedagógico.

A GESTÃO FINANCEIRA NO SETOR PÚBLICO

Além de atender às motivações e necessidades pedagógicas definidas no PPP da escola, a gestão financeira dos recursos disponibilizados para a unidade escolar e dos que ela arrecada diretamente precisa se ater fielmente aos princípios que regem a administração pública, definidos no art. 37 da Constituição Federal: legalidade, impessoalidade, moralidade, publicidade e eficiência.

O princípio da legalidade estabelece limites das ações administrativas, pois na administração pública um gestor pode fazer somente o que é permitido por lei. Caso uma determinada ação de servidor público esteja fora da conformidade legal, corre-se o risco de que essa ação seja invalidada (cabe aqui a expressão formal do Direito Público "ato inválido") e a pessoa responsável pode responder disciplinar, civil e até mesmo criminalmente, a depender da gravidade da situação. Em suma, esse princípio refere-se ao cumprimento das leis, determinando que os atos administrativos devem estar sempre de acordo com regras e normas fixadas em leis.

O segundo princípio, da impessoalidade, preza pela objetividade e imparcialidade na realização do interesse público, ou seja, agindo em nome de um órgão ou entidade pública, um gestor ou servidor não pode discriminar, prejudicar ou beneficiar essa ou aquela pessoa, essa ou aquela empresa. A noção subjacente é a de que todos são iguais e, desse modo, devem receber tratamento igualitário e de que o interesse público deve prevalecer sobre o interesse privado. O princípio da impessoalidade se coloca contra o patrimonialismo, o personalismo político e o nepotismo (ver capítulo "Direção escolar e coordenação pedagógica"). No caso da gestão de recursos na escola, por exemplo, esse princípio indica que para aquisição de bens e contratação de serviços é obrigatório realizar pesquisa de preço com pelo menos três fornecedores e/ou prestadores de serviço diferentes e evitar repetição constante, pois isso configuraria favoritismo.

O terceiro princípio, moralidade, se adiciona ao primeiro, pois determina que, além de tomar decisões e agir conforme os limites da lei, o agente público ainda precisa se pautar pela ética, obedecendo aos valores da razoabilidade, justiça, honestidade, boa-fé, lealdade e probidade. Em síntese, esse princípio pressupõe lisura no trato da coisa pública, valorizando a cidadania e o interesse coletivo, em detrimento de interesses individuais e particulares.

Por sua vez, o quarto princípio, publicidade, tem a ver com transparência ou com tornar públicas as decisões, ações e realizações do ente público, por meio de canais oficiais e igualmente acessíveis a todos os cidadãos, sendo tais canais o diário oficial (da União, dos estados, do distrito federal e dos municípios). No caso da gestão de recursos nas escolas públicas, a divulgação oficial dos atos administrativos deve acontecer ao longo da execução da verba e na etapa da prestação de contas, garantindo o acesso público às informações, observadas as normas da Lei Geral da Proteção de Dados (LGPD).

O quinto e último princípio, eficiência, preconiza que os atos administrativos na gestão pública cumpram seus propósitos, isto é, alcancem resultados positivos, em termos de satisfazer as necessidades da comunidade. No mundo dos negócios e de acordo com uma visão tecnicista de administração, eficiência significa fazer a coisa certa com a menor quantidade possível de recursos. Quando se trata da realização do direito humano à educação, isso nem sempre se aplica. Nesse caso, primar pela boa gestão do recurso pressupõe realizar compras de materiais e contratar serviços de qualidade, com preços compatíveis com o mercado, de modo a cumprir os prazos planejados e efetuar a execução do recurso.

É possível perceber que um princípio complementa o outro. Se um gestor privilegia uma pessoa ou empresa na contratação de um serviço ou se não faz a necessária e correta divulgação de cada ato de um determinado processo, estará rompendo não só com os princípios da impessoalidade e da publicidade, como também da moralidade e da legalidade. Por fim, ainda que cumpra os quatro primeiros princípios, seu trabalho só alcançará a plenitude se produzir resultados satisfatórios em relação aos objetivos inicialmente definidos, em conformidade com o princípio da eficiência.

Sob tais princípios, é preciso obedecer às leis federais de Direito Financeiro (Lei nº 4.320/1964), de Licitações (Lei nº 8.666/1993) e a Lei Complementar de Responsabilidade Fiscal (nº 101/2000), que regulam a gestão dos recursos públicos no âmbito da União, dos estados, do distrito federal e dos municípios. Ainda é preciso observar as determinações da Constituição do Estado onde a unidade escolar está inserida e as demais normas do ente federativo e órgão ao qual pertence, por exemplo, o Governo do Estado (Secretaria Estadual de Educação) ou Prefeitura (Secretaria Municipal de Educação).

RECURSOS FINANCEIROS NA ESCOLA PÚBLICA

Conforme já explicitado, a escola pública costuma dispor de dois tipos de recursos financeiros: os que são repassados pelos órgãos públicos e os que ela mesma arrecada, na forma de doações e atividades diversas. Apresentarei aqui o principal programa de transferência de recursos financeiros para escolas públicas de todo o Brasil, de nível federal, e citarei exemplos de programas similares em Estados e Municípios. Mais adiante, tratarei de modo sintético da gestão de recursos arrecadados pela própria escola.

PDDE – Governo Federal

Em 1995, o Governo Federal criou o Programa de Manutenção e Desenvolvimento do Ensino Fundamental (PMDE), por meio da Resolução nº 12, de 10 maio de 1995, do Conselho Deliberativo do Fundo Nacional de Desenvolvimento da Educação (FNDE). Como o próprio nome sugere, o Programa só repassava recursos para escolas públicas de ensino fundamental e também às escolas de educação especial qualificadas como entidades filantrópicas ou mantidas por esse tipo de organização.

Em 1998, passou a ser denominado Programa Dinheiro Direto na Escola (PDDE), por meio da Medida Provisória nº 1.784. Só a partir de 2009, com a Lei nº 11.947, o PDDE passou a abranger todas as etapas da educação básica, ou seja, incluiu unidades de educação infantil e ensino médio, além do ensino fundamental. Em 2012, a Lei nº 12.695 adicionou como beneficiários os polos presenciais do sistema Universidade Aberta do Brasil (UAB) que oferecem programas de formação inicial ou continuada a profissionais da educação básica. Assim, atualmente o PDDE presta assistência financeira suplementar às escolas públicas da educação básica das redes estaduais, municipais e do distrito federal, às escolas de educação especial qualificadas como beneficentes de assistência social ou de atendimento direto e gratuito ao público, às escolas mantidas por entidades de tais gêneros e aos polos presenciais do sistema UAB.

De acordo com informações sobre o PDDE no site do FNDE, órgão responsável pelo Programa, o repasse dos recursos visa contribuir para prover necessidades prioritárias dos estabelecimentos educacionais beneficiários, de forma a apoiar seu funcionamento; a promoção de melhorias em sua infraestrutura física e pedagógica; e o incentivo da autogestão escolar e do exercício da cidadania, com a participação da comunidade no controle social. O site do Ministério da Educação (MEC) menciona também a elevação dos índices de desempenho da educação básica.

O cálculo do montante de recursos a serem transferidos para cada unidade beneficiária considera o número de alunos, com informações advindas do Censo Escolar do ano anterior ao do repasse, no caso da educação básica. Para os polos da UAB, consideram-se os dados coletados pela Coordenação de Aperfeiçoamento de Pessoal de Ensino Superior (Capes). O total a ser recebido compõe-se da soma de um valor fixo por tipo de unidade e de um valor variável, que resulta de uma taxa multiplicada pelo número de matrículas registradas no Censo Escolar do ano anterior.

Como é possível perceber, com o passar do tempo, o Programa foi se modificando e ampliando. Atualmente, ele se divide em PDDE Básico, gerido pelo FNDE, e PDDE Ações Integradas, voltado para programas educacionais específicos geridos por Secretarias do MEC. Os recursos do PDDE Básico são depositados em uma única conta corrente, em duas parcelas ao longo do ano, em nome da unidade executora responsável pela gestão financeira junto ao estabelecimento beneficiário. Já o PDDE Ações Integradas se subdivide em PDDE Estrutura e PDDE Qualidade e os recursos de um e de outro são depositados em contas correntes separadas.

Segundo informações de 2021 no site do FNDE, o PDDE Estrutura abrange: Programa Sala de Recursos Multifuncionais; Programa Escola Acessível; Programa Água e Esgotamento Sanitário nas Escolas Rurais; Programa PDDE Escolas Rurais: Campo, Indígenas e Quilombolas. Por sua vez, o PDDE Qualidade destina-se a: Programa de Inovação Educação Conectada; Programa Novo Ensino Médio; PDDE Emergencial; Programa Tempo de Aprender; Programa Brasil na Escola; Programa Educação e Família; Programa Itinerários Formativos.

As transferências e a gestão dos recursos do Ações Integradas seguem os mesmos moldes operacionais do PDDE Básico, mas cada um desses subprogramas listados possui finalidades, objetivos e públicos-alvo específicos, descritos em resoluções próprias. O repasse de todos esses subprogramas exige a elaboração de plano de ação pela escola, exceto o PDDE Emergencial e os Itinerários Formativos. Todos permitem despesas de custeio e capital (aquisição de bens permanentes), com exceção do Educação e Família, que só financia custeio e que será detalhado a título de exemplo.

> ### Categorias de recursos e despesas no orçamento público
>
> De acordo com a terminologia do orçamento público, as despesas são classificadas segundo sua natureza em dois grupos ou categorias econômicas: 1) de custeio ou correntes; 2) de investimento ou capital. As despesas de custeio ou correntes se referem a gastos com manutenção do órgão ou instituição beneficiária e de sua estrutura, como compra de materiais de consumo, diárias, passagens, bolsas e benefícios a estudantes. Já as de capital ou investimento são aquelas aplicadas no patrimônio, como obras, construções, instalações e aquisição de equipamentos e materiais permanentes, ou seja, tudo o que é incorporado ao patrimônio público.
>
> **Para saber mais:** Glossário de Termos Orçamentários do Congresso Nacional. Disponível em: https://www.congressonacional.leg.br/legislacao-e-publicacoes/glossario-orcamentario.

O Programa Educação e Família, instituído pela Portaria nº 571/2021, de 2 de agosto de 2021, é iniciativa da Secretaria da Educação Básica (SEB) do MEC e visa apoiar ações de fomento e qualificação da participação da família na vida escolar do estudante e na construção do seu projeto de vida, financiando exclusivamente despesas de custeio. A Resolução nº 11, de 31 de agosto de 2021, dispõe sobre os critérios para destinação dos recursos financeiros desse programa.

Para receber o dinheiro, dentre várias exigências, a unidade precisa enviar à SEB um plano de ação específico para esse programa, elaborado em parceria com o Conselho de Escola, conforme modelo constante em manual de orientação da SEB. O art. 7º da resolução define o montante de recursos que cada escola poderá receber, conforme o número de matrículas.

Note-se que o Educação e Família, se acessado pela unidade, representa um valor a mais além do PDDE Básico, em conta específica, se seu plano de ação for aprovado e se cumprir os demais requisitos.

O PDDE é universal, ou seja, transfere recursos para todas as unidades elegíveis, por meio de suas entidades ou unidades executoras ou mantenedoras, que precisam aderir ao Programa. A escola em si não pode receber recursos financeiros, por isso recorre a alguma organização da sociedade civil com personalidade jurídica de direito privado, sem fins lucrativos, constituída com a finalidade de representar uma unidade escolar pública ou um consórcio de unidades. Essas organizações devem ser integradas por membros da comunidade escolar e recebem diferentes denominações conforme as localidades, como caixa escolar, conselho escolar, associação ou círculo de pais e mestres etc. Precisam obter o Cadastro Nacional de Pessoa Jurídica (CNPJ) e abrir conta corrente específica para receber o dinheiro. Dentre as várias exigências e documentações, é preciso estar em dia com prestações de contas de recursos do PDDE de anos anteriores.

No caso do PDDE Básico, ao fazer a adesão, a entidade representante da unidade escolar não precisa apresentar um projeto ou plano de ação para uso dos recursos, mas apenas indicar os percentuais desejados nas categorias de custeio e de capital. O PDDE Ações Integradas, por sua vez e conforme já explicitado, requer o envio de um plano de ação.

Fundo Rotativo – Paraná

No estado do Paraná, a descentralização de recursos financeiros com repasse de recursos pela Secretaria de Estado da Educação às escolas estaduais remonta a 1969, quando a primeira remessa foi feita. Desde então, vários programas foram criados até que se chegou ao Programa Fundo Rotativo (PFR), criado pela Lei nº 10.050/1992, que foi modificada por várias outras leis posteriores, que de modo geral incluem no modelo de Fundo Rotativo instâncias de outros órgãos do Governo do Estado do Paraná, sendo a mais recente a Lei nº 20.826/2021.

O PFR transfere para contas correntes específicas administradas por diretoras e diretores de escolas recursos do orçamento do estado destinados a manutenção, pequenos reparos e aquisição de material de consumo e outros gastos correntes. Além das escolas também são contemplados os Núcleos Regionais de Educação (NRE) e as Unidades Administrativas Descentralizadas (UDs), que são instâncias da gestão estadual de educação paranaense.

A lei prevê o repasse de verbas destinadas especificamente para reformas, melhoria ou ampliação das unidades escolares, vedando o uso para qualquer despesa com pessoal. De acordo com o site da Secretaria de Estado da Educação do Paraná, o Fundo possibilita às escolas estaduais autonomia no gerenciamento de recursos financeiros para atender de modo mais ágil necessidades básicas, como manutenção de equipamentos, aquisição de materiais, contratação de serviços de reparos etc.

O montante que cada unidade escolar recebe é calculado com base num valor *per capita* multiplicado pelo número de matrículas, que varia conforme a modalidade de ensino ofertada. A instrução normativa (IN) prevê que a comunidade escolar deve participar do planejamento e da utilização dos recursos, por meio do Conselho Escolar, aprovando o planejamento anual e outras decisões referentes ao uso de verbas do Fundo. A IN estabelece que a administração do PFR cabe ao diretor de escola, em conjunto com o diretor auxiliar e com apoio do secretário e/ou técnico Administrativo.

O PFR transfere recursos para as contas correntes das escolas e demais estabelecimentos beneficiários de modo universal, ou seja, independentemente de adesão. Cabe ao gestor da escola conferir se o dinheiro foi depositado. O único impedimento é a existência de pendências ou irregularidades em prestações de contas anteriores.

PTRF – Município de São Paulo

No município de São Paulo, desde 2005 as unidades escolares dispõem do Programa de Transferência de Recursos Financeiros (PTRF), instituído pela Lei nº 13.991, com o objetivo de "fortalecer a participação da comunidade escolar no processo de construção da autonomia das Unidades Educacionais da Rede Municipal de Ensino" (art. 1º.). Podemos identificar as origens desse programa na gestão da prefeita Luiza Erundina (1989-1992), quando se iniciou uma reestruturação organizativa geral da Prefeitura para atender aos princípios básicos de participação, descentralização e autonomia da proposta de governo popular e democrático.

Com Paulo Freire à frente da Secretaria Municipal de Educação (SME), uma importante medida de descentralização de recursos se deu com o Decreto nº 28.981/1990, que determinou o repasse de verba mensal para as escolas utilizarem diretamente em manutenção e pequenos reparos de seus prédios, o que agilizou esse tipo de serviço, antes realizado de modo centralizado. Outra medida no mesmo sentido foi a criação, em 1991, de unidades orçamentárias junto aos Núcleos de Ação Educativa (NAE), que, naquela época, eram instâncias regionalizadas de gestão municipal da educação, hoje denominada Diretoria Regional de Educação (DRE). Assim, essas instâncias que estavam mais próximas das escolas passaram a receber e gerir verbas que eram destinadas ao desenvolvimento de projetos nas unidades escolares, o que se mantém até hoje.

Por meio do PTRF, o montante destinado a cada escola é repassado em parcelas e calculado com base nos dados do Censo Escolar do ano anterior. Em seu art. 3º, a lei estabelece que os recursos do Programa destinam-se a despesas de custeio, manutenção de equipamentos, conservação de instalações físicas e a pequenos investimentos, contribuindo "supletivamente para a garantia do funcionamento das unidades educacionais". A Lei nº 17.256, de 27 de dezembro de 2019, adicionou a esse rol o item "programas e projetos de inserção de tecnologias na educação".

Assim, é permitida a utilização do recurso para compra de material permanente e de consumo, manutenção, conservação e pequenos reparos, desenvolvimento de atividades educativas, implementação de projetos pedagógicos, contratação de serviços e inserção de tecnologias na educação. Obras, instalações elétricas e hidráulicas e reformas estruturais precisam de aprovação prévia da SME. É proibido o uso dos recursos em gastos com pessoal concursado ou contratado da Prefeitura de São Paulo. Os recursos são repassados pela SME às APMs em conta específica. No caso dos Centro Educacional Unificado (CEUs), as unidades executoras são as Associações de Pais, Mestres, Servidores, Usuários e Amigos do CEU (APMSUACs).

No início de cada ano, a Prefeitura divulga por meio de portaria a forma de cálculo para definição do montante a ser transferido por tipo de unidade educacional, o número de parcelas e sua periodicidade, as unidades executoras, como também as orientações para a execução do Programa. O repasse é calculado com base em um valor fixo conforme o número de matrículas em cada modalidade de ensino somado a um valor variável.

Esporadicamente, a SME vem emitindo portarias para anunciar a destinação de recursos financeiros extraordinários dentro do PTRF, para finalidades específicas, como o PTRF Material Pedagógico, PTRF Salas e Espaços de Leitura, PTRF Ensino Médio, PTRF Mais Escola, PTRF Formação, PTRF EDUCOM Imprensa Jovem, PTRF Orçamento Grêmio Estudantil.

Os recursos do PTRF são repassados para unidades escolares que tiverem suas unidades executoras (APMs) cadastradas junto ao sistema digital do programa. Esse cadastro precisa ser atualizado a cada ano. Além disso, não pode haver pendências de prestação de contas relativas a repasses anteriores.

PDDE Paulista

Só recentemente o Governo do Estado de São Paulo criou um programa próprio de transferência de recursos financeiros às escolas estaduais, tanto para aquelas vinculadas à Secretaria da Educação (SEE) quanto para as escolas técnicas do Centro Estadual de Educação Tecnológica Paula Souza (CEETEPS). Trata-se do PDDE Paulista (Programa Dinheiro Direto na Escola Paulista), instituído pela Lei nº 17.149, de 13 de setembro de 2019. O objetivo é similar aos dos demais, isto é, prestar assistência financeira suplementar às escolas públicas da rede estadual paulista, com vistas a promover melhorias em sua infraestrutura física e pedagógica, fortalecendo a participação da comunidade e a autogestão escolar.

Anteriormente à criação do Programa PDDE Paulista, os recursos para escolas estaduais em São Paulo eram repassados mediante convênio estabelecido com a Fundação para o Desenvolvimento da Educação (FDE), que foi reestruturada em 1987, substituindo a Fundação para o Livro Escolar. Os repasses eram pontuais, bem menores do que os repassados atualmente pelo PDDE Paulista, e destinados a programas específicos, como o Mutirão Trato na Escola ou Escola da Família.

Assim como os demais programas, o PDDE Paulista repassa recursos às APMs das unidades escolares, por meio de contas bancárias específicas para esse fim. Para receber os recursos, as escolas devem proceder o cadastro de suas unidades executoras, as APMs, junto portal da Secretaria Escolar Digital (SED), formalizando o termo de adesão. Estarão aptas a receber o repasse todas as unidades que se cadastrarem e não tiverem impedimentos, como pendências na prestação de contas de exercícios anteriores. Para o subprograma Manutenção, é preciso apresentar um Plano de Aplicação Financeira (PAF), contendo objeto e finalidade do gasto, etapas da execução, cronograma de desembolso e prazo de execução.

A cada ano, a SEE emite resolução que dispõe sobre as normas para adesão, repasse e aplicação financeira dos recursos. O Programa paulista também apresenta subprogramas, como o Manutenção, Pedagógico e Tecnologia, cada um desses três com outras subdivisões, todos com critérios de repasses e regras próprias de aplicação.

VANTAGENS E DIFICULDADES DOS PROGRAMAS

A destinação de recursos financeiros diretamente para escolas públicas pode contribuir para a concretização do princípio da gestão democrática, especialmente no tocante à autonomia financeira, conforme previsto no art. 15 da LDB. Como visto até aqui, esses programas dispensam celebração de convênio, acordo, contrato, ajuste ou qualquer instrumento desse tipo, o que garante agilidade no acesso ao dinheiro. Quando uma escola depende de um serviço ou compra feito de modo centralizado, a espera por sua realização pode ser grande.

No entanto, profissionais de equipes gestoras de escolas públicas vêm demonstrando preocupação com a transferência, para a escola, da execução de serviços que antes eram de responsabilidade da Secretaria de Educação ou de outros órgãos do governo. Ao mesmo tempo, a centralização excessiva geralmente diminui a qualidade, é tardia e muitas vezes com traço de superfaturamento. Na esfera estadual paulista, sempre foram demandas da unidade escolar a contratação e o acompanhamento da execução desses serviços. Na rede municipal paulistana, eles eram atrelados aos contratos com empresas terceirizadas, como corte de mato e limpeza de caixa d'água.

Com quadro reduzido de funcionários, as equipes gestoras nem sempre conseguem dar conta de absorver mais uma atividade, que se desdobra em considerável quantidade de tarefas. Também pesa o temor pela responsabilização de diretoras e diretores sobre quaisquer problemas na execução dos recursos. Em caso de gastos indevidos, isto é, sem o cumprimento dos ritos burocráticos necessários, as pessoas gestoras têm de devolver o dinheiro de seu próprio bolso. A isso se somam falta de conhecimento técnico suficiente no campo financeiro e contábil, de pessoal da equipe escolar que possa assumir a parte operacional da gestão financeira e do devido apoio da Secretaria de educação.

Gestores escolares reclamam que tanto no município quanto no estado de São Paulo falta preparo técnico das equipes nas diretorias de educação para orientar e sanar dúvidas. Assim, há necessidade de ampliação da equipe, formação e consultoria quanto a aquisição de materiais, serviços e pequenos reparos. Um avanço é que o PTRF e o PDDE Paulista passaram a autorizar recentemente lançamento com despesas de serviços contábeis, possibilitando a contratação de serviços de consultoria e execução de apoio no processo de aquisição e prestação de contas.

De modo geral, irregularidades na utilização do dinheiro são detectadas na prestação de contas. Daí decorre outro ponto em comum entre os programas, que é o impedimento de recebimento de recursos caso haja alguma pendência com prestação de contas de exercício anterior.

Como vimos, além das modalidades básicas, cada programa tem submodalidades e cada uma delas exige conta corrente específica. Então, se uma unidade escolar acessa os programas básicos do Governo Federal, de seu estado ou município e também as diferentes modalidades, precisará assumir as múltiplas tarefas decorrentes, resumidas no Quadro 5.

Quadro 5 – Principais etapas da gestão financeira

1	Elaboração e submissão de plano de ação, a depender da modalidade;
2	Levantamento e escolha de fornecedores de serviços e produtos;
3	Levantamento de preços e busca de três orçamentos para cada serviço ou compra;
4	Pagamento pela compra ou serviço, mediante emissão de notas fiscais;
5	Controle financeiro e contábil;
6	Prestação de contas.

Agora vamos imaginar que uma escola da rede estadual paulista tenha acesso a recursos do PDDE básico do Governo Federal, do Sala de Recursos Multifuncionais, do Escola Acessível e do Educação e Família. Essa mesma unidade acessará ainda o PDDE básico paulista, além das modalidades Manutenção, Pedagógico e Tecnologia. Serão oito programas e oito contas correntes a serem administrados, com cada uma das seis atividades mencionadas no Quadro 5. Do mesmo modo, vamos imaginar que uma escola municipal paulistana acesse os mesmos quatro programas do Governo Federal, além do PTRF em suas versões Material Pedagógico, Salas e Espaços de Leitura, EDUCOM – Imprensa Jovem e Orçamento Grêmio Estudantil. Também terá oito programas acumulados.

Talvez tudo isso explique o fato de muitas escolas não conseguirem utilizar a totalidade dos recursos e de muitas nem tentarem algumas das modalidades especiais de transferência. No entanto, os prédios escolares e o planejamento pedagógico demandam uma grande gama de aquisições e serviços. E a possibilidade de receber e gerir diretamente recursos no âmbito da escola é fundamental para garantir autonomia pedagógica e agilidade administrativo-financeira.

A EE Leopoldo Santana, no bairro do Capão Redondo, ficou sete anos sem acessar recursos do PDDE Federal e do PDDE Paulista em razão de bloqueios processuais ou necessidade de regularização de prestações de contas. Quando assumiu a direção da unidade, em fevereiro de 2018, o professor Helder Miranda se dedicou ao saneamento da parte financeira da escola.

> "Quando conseguimos desbloquear a nossa APM e voltar a receber repasses do PDDE Federal e PDDE Paulista, a missão era grande, pois muitas demandas ocupavam a lista de prioridades. Entre as ações propostas para o primeiro repasse, elencamos revitalizar aos poucos o espaço onde tudo acontece, a sala de aula. Tivemos a possibilidade de reformar as janelas que não abriam e prejudicavam a ventilação e de elaborar um projeto de iluminação que pudesse atender o nosso público em todos os períodos de forma adequada. Os servidores mais antigos da escola ficaram muito surpresos e felizes ao ver a primeira corrente de ar passar pelas janelas e poder trabalhar no período noturno com boa iluminação.
> São serviços básicos que precisam de constante investimento para garantir a implementação de condições adequadas para as aulas e posterior aquisição de equipamentos e possibilidades de apoio à aprendizagem."

Assim, é necessário que os órgãos centrais transfiram mais recursos diretamente para as escolas, que diminuam as exigências quanto à aplicação, simplifiquem os procedimentos de execução e prestação de contas e garantam formação e apoio constante para as equipes gestoras das escolas lidarem com a gestão financeira.

AS FASES DA GESTÃO FINANCEIRA

Após a explanação sobre alguns programas que transferem recursos financeiros para escolas, vejamos como tais recursos, em linhas gerais, devem ser utilizados e geridos pela unidade escolar. Basicamente, a gestão financeira é a dimensão que agrega todos os procedimentos e tarefas que envolvem o manejo direto de dinheiro pela escola. O enfoque principal nesse item é a gestão de recursos transferidos pelo poder público, mas será mencionado o trato de dinheiro arrecadado pela escola por outros meios. Como já dito, o manejo dos recursos, independentemente da fonte, precisa estar em sintonia com a gestão pedagógica, ou seja, com o PPP. São três as principais fases da gestão financeira: planejamento, execução e prestação de contas.

Planejamento

Como visto, todas as escolas públicas de educação básica do Brasil podem receber repasses do PDDE federal. Mesmo que não haja algum programa específico de transferência de recursos pela esfera administrativa à qual pertence a escola, haverá a possibilidade do dinheiro proveniente do PDDE. Há ainda as formas próprias de arrecadação pela escola, por meio da realização de festas, rifas, aluguéis de espaço para cantina, doações etc. Assim, é preciso planejar a aplicação desses recursos, ou seja, decidir em que o dinheiro será gasto, como e quando.

Esse planejamento envolve duas dimensões: uma mais ampla e política, ou político-pedagógica, que diz respeito às decisões sobre em que ou com que gastar o dinheiro; e outra mais operacional, relacionada à organização para executar as despesas.

Historicamente, as lutas e proposições dos movimentos sociais de educadoras e educadores vêm associando o princípio da gestão democrática na escola (e a autonomia como parte disso) à existência de recursos financeiros para manejo direto pela unidade escolar. Não faz sentido que, em processos participativos amplos e plurais, a comunidade escolar discuta e decida os rumos que deseja para a escola, as mudanças que almeja e o que imagina para alcançá-las, se não dispõe de recursos financeiros para essas realizações.

Afinal, já sabemos que as transformações na escola e no sistema educacional não acontecerão só com discursos e documentos, mas com ações concretas, que dependem de condições materiais para serem realizadas. São necessários mecanismos que garantam transferência robusta de recursos para as escolas como política de Estado e não apenas como programas pontuais de governo. Isso permitiria a previsibilidade desses recursos, facilitando às escolas o planejamento de longo prazo.

Tudo isso está expresso na LDB, conforme já mencionado neste capítulo e nos demais, e justamente por isso os quatro programas de transferência de recursos financeiros aqui expostos indicam como objetivo o estímulo à participação da comunidade escolar no planejamento para o uso do dinheiro. Autonomia financeira da escola e participação da comunidade devem andar juntas. Se a direção da escola ou se a equipe gestora decide sozinha em que e como gastar o dinheiro, o princípio constitucional da gestão democrática não estará sendo respeitado, e os objetivos dos programas de descentralização de recursos não estarão sendo plenamente cumpridos.

Então, a primeira dimensão do planejamento, de caráter político-pedagógico, deve se espelhar no PPP da escola, a partir de perguntas do tipo:

"Como os recursos disponíveis ou a serem acessados podem contribuir para a materialização de nosso PPP? Que aspectos de nosso PPP vamos priorizar no uso do dinheiro? O que vamos fazer primeiro, por quê?".

As pesquisas da área demonstram que em muitas escolas os programas de descentralização têm surtido efeitos positivos no sentido de desenvolver mais autonomia e gestão democrática, pois elas avançam com o processo de decisão coletiva sobre o uso dos recursos, envolvendo as instâncias de gestão colegiada democrática, como o Conselho Escolar e o Grêmio Estudantil. E essas práticas de consulta, discussão e decisão sobre o uso do dinheiro, por seu turno, têm reforçado o aprendizado e o exercício da democracia na escola. Muitas vezes o processo envolve tensões, conflitos e disputas, pois os diferentes segmentos costumam ter divergência sobre as prioridades, ao passo que é comum que a equipe gestora tenha certeza do que é mais necessário num determinado momento. É aí que a democracia se fortalece, pois cada pessoa ou grupo precisa persuadir os demais, apresentando justificativas convincentes, sempre embasadas no PPP, sobre por que sua proposta é a mais adequada.

Infelizmente, as pesquisas também mostram que, em grande parte das unidades escolares, as e os representantes das instâncias de gestão colegiada apenas assinam as propostas que vêm da direção. Na maioria das vezes, é feita apenas uma "consulta impositiva", ou seja, o diretor ou diretora apresenta a proposta para uso do recurso, sem abrir brechas para escutar e discutir outras ideias. Quando elas surgem, a direção usa de sua "autoridade técnica" para encurtar o assunto, respondendo que isso ou aquilo não pode porque a lei não permite, sem entrar em detalhes. Com timidez diante do poder da direção, sem saber muito como contra-argumentar e elaborar contrapropostas, os outros segmentos, principalmente estudantes e seus familiares, terminam aceitando sem questionar. Agindo desse modo, a direção pode até "facilitar" o próprio trabalho, mas perde oportunidade de construir relações democráticas e de confiança com a comunidade escolar.

Cumprida a etapa mais política do planejamento, é preciso pensar também no aspecto operacional. Então, vamos imaginar dois exemplos bem distintos. O primeiro diz respeito à utilização de verbas provenientes do PDDE Básico do Governo Federal ou do PTRF Geral da Prefeitura de

São Paulo. Nos dois programas, são feitos três repasses ao longo do ano e ambos exigem o Plano de Aplicação dos Recursos e o Plano Anual de Atividades (PAA) da Unidade Educacional.

A planificação é importante para a escola se organizar na realização de seu projeto. Sem um plano, a tendência é fazer aquisições ou contratar serviços em caráter de urgência, expediente que só deve ser utilizado em situações de fato urgentes. Por exemplo: a contratação de uma arte-educadora para uma atividade de formação não poderia ser feita em caráter de urgência, pois essa deveria ser uma ação prevista no plano. Já a contratação de um eletricista para reparo de um dano decorrente de uma explosão na rede elétrica caracteriza urgência e pode ser justificada como tal. Assim, é preciso elaborar um plano com cronograma prevendo o que será feito com cada parcela.

Digamos que uma escola decidiu utilizar os recursos do PDDE ou do PTRF para a implementação de um projeto de educação antirracista, em conformidade com seu PPP. Também nesse caso é preciso elaborar um plano de ação, com um cronograma, em função das parcelas previstas de repasse. Lembrem-se que nas modalidades específicas desses dois programas, os pré-requisitos são diferentes. É preciso prestar atenção também se o repasse inclui despesas de custeio e de capital ou só uma delas.

Ao se debruçar sobre seu plano, a equipe escolar vai sentir necessidade de detalhar mais aspectos e desdobramentos das grandes atividades, chegando ao nível das tarefas. Isso não é preciso ser feito tudo de uma vez. No momento inicial da planificação, antes da chegada do recurso, podem ser previstas apenas as grandes etapas. Depois, será preciso detalhar cada item para facilitar a execução e o acompanhamento.

Execução de despesas

Uma vez recebido o recurso, inicia-se a fase da realização das despesas, priorizando os materiais e bens a serem adquiridos e os serviços a serem contratados, de acordo com as finalidades do plano de ação e considerando o interesse coletivo da comunidade escolar.

As etapas gerais de execução das despesas são basicamente levantamento de fornecedores, pesquisa de preço, contratação e pagamento, sendo que cada etapa se desdobra em vários passos. Destacarei os principais. Os programas de repasse financeiro para escolas aqui apresentados determinam uma série de normas e medidas a serem obedecidas pelas equipes gestoras, como também oferecem manuais de orientações bastante detalhados, além de ferramentas em sistemas digitais de gestão que apoiam a execução financeira pelas unidades executoras.

O primeiro passo é o levantamento de prioridades de execução dos serviços e aquisições a partir do Plano de Aplicação e novas demandas que possam ter surgido após a sua elaboração.

O segundo passo desdobra-se em levantamento de fornecedores e pesquisa prévia de preços. A busca de fornecedores vai além de mapear empresas que dispõem dos materiais necessários ou prestadores dos serviços pretendidos. Não basta encontrar quem possa atender às necessidades da escola, pois as empresas precisam ser idôneas, ou seja, ter boa reputação no mercado, e estar em dia com o fisco. Desse modo, é preciso verificar a regularidade fiscal e idoneidade da empresa fornecedora do material ou prestadora do serviço, obedecendo aos procedimentos que cada programa de repasse determina para isso.

Já a pesquisa prévia de preços deve ser feita junto a vários fornecedores ou prestadores de serviços, a partir de diferentes fontes, de modo a captar o real comportamento do mercado. Normalmente, os órgãos públicos de controle exigem a apresentação de pelo menos três diferentes orçamentos, a fim de evitar qualquer tipo de favorecimento e garantir a escolha da proposta mais vantajosa para o erário. Existe liberdade na aquisição de serviços ou materiais, porém os programas sugerem a procura por contratações nas imediações da unidade escolar, o que favorece o desenvolvimento da economia local.

O terceiro e último passo da realização da despesa é o pagamento pelo bem recebido ou serviço prestado. Antes disso, a pessoa responsável pela unidade executora na escola ou quem encomendou o bem ou serviço precisa atestar a prestação do serviço ou entrega do material, conferindo se tudo foi entregue ou realizado conforme a solicitação. Só com esse ateste é permitida a realização do pagamento. Várias regras recaem sobre esse passo, sendo a principal delas a não permissão para pagamento em dinheiro. Ou seja, o gestor da conta bancária não pode sacar dinheiro para fazer pagamentos, pois esses precisam ficar registrados no extrato bancário para fins de comprovação, junto com as notas fiscais. Nesse ponto é importante ressaltar que cada órgão estabelece procedimentos relativos aos cuidados com a comprovação das despesas, o que será tratado logo mais, no item sobre prestação de contas.

Lembrando que todo o processo de execução das despesas precisa considerar aos princípios constitucionais da isonomia, legalidade, impessoalidade, moralidade, publicidade e eficiência, garantindo a aquisição de produtos, materiais ou bens e a contratação de serviços de boa qualidade, sem qualquer espécie de favorecimento e por meio da seleção da proposta mais vantajosa.

Controle da execução e prestação de contas

Ao longo do uso efetivo dos recursos, as pessoas responsáveis pelo controle do dinheiro devem criar estratégias ou utilizar as ferramentas disponíveis para fazer o acompanhamento durante o processo. De modo geral, isso se faz por meio de relatórios que permitam observar os gastos, o fluxo de caixa, o saldo restante, os ganhos com aplicações financeiras etc. Os programas de transferência de recursos fornecem aos gestores nas escolas manuais de orientação para o uso do dinheiro e seu controle, com ferramentas de acompanhamento. Além disso, também dispõem de sites com sistemas online de uso obrigatório da unidade escolar para gestão do recurso. O acesso a esses sistemas é restrito com liberação de senha para uma ou duas pessoas da escola.

No caso do programa Fundo Rotativo, do Paraná, existe o Sistema Gestão de Recursos Financeiros (GRF), que concentra ferramentas de planejamento, transparência, prestação de contas e avaliação e pode ser acessado mediante senha pela diretoria da escola e por mais um funcionário designado. Conforme informações na plataforma, o GRF contém funções que auxiliam na gestão dos recursos, como consultas a fornecedores, itens de despesas, elaboração de plano de aplicação, inclusão de notas fiscais, inclusão de pagamento de impostos, consolidação de pesquisas de preços, conciliação bancária, demonstrativos de despesas, relatório de origem e aplicação, emissão de relatórios diversos etc.

Já o PTRF, do município de São Paulo, dispõe de uma série de manuais e outras publicações que orientam sobre a execução do recurso, além do SIG-Escola (Sistema Integrado de Gestão do PTRF). O sistema oferece diferentes funcionalidades para as unidades escolares e para as DREs (Diretorias Regionais de Educação). Na interface das escolas é possível lançar créditos e despesas, consultar o resumo de recursos, fazer conciliação bancária e gerar documentos para a prestação de contas, como demonstrativo financeiro, relação de bens, atas de apresentação e retificação da prestação de contas.

Nesse quesito o PDDE do Governo Federal é mais simples, oferecendo apenas um sistema para cadastro das unidades ou entidades executoras ou das mantenedoras (PDDEWeb), e outro sistema (PDDE Info – Consulta Escola) que permite consultar os valores previstos ou já transferidos, os montantes de custeio e de capital, os dados bancários dos repasses, pendências na prestação de contas, saldos etc.

O PDDE Paulista, por sua vez, dispõe de alguns serviços na Secretaria Escolar Digital (SED), como os Planos de Aplicação Financeira (PAF) e a prestação de contas, com atualização dos saldos remanescentes e compartilhamento das informações bancárias das APMs relativas ao Programa.

A escola tem de prestar contas de seus gastos à Secretaria de Educação à qual é vinculada ou aos demais órgãos executores dos programas de financiamento com os quais estabelece parceria e, como já dito, à comunidade. E isso precisa ser feito estritamente dentro dos prazos estabelecidos previamente por lei ou pelo regulamento da entidade financiadora. Acompanhado por documentos fiscais e justificativas, o relatório de prestação de contas precisa ser aprovado pelo conselho fiscal da escola antes de ser divulgado. Os formulários para essa finalidade mudam de acordo com o órgão de onde saem os recursos.

Nos programas de transferência aqui mencionados, a prestação de contas é feita de modo digital, por meio de sistemas on-line. No entanto, isso não dispensa a impressão e organização do material físico, que deve permanecer no estabelecimento beneficiário à disposição do órgão financiador, das demais instâncias superiores do sistema de educação, de órgãos fiscalizadores, como os tribunais de contas, das instâncias de gestão colegiada da unidade escolar e de qualquer cidadão interessado.

A documentação da prestação de contas envolve os documentos originais dos seguintes itens: plano de aplicação dos recursos; justificativa para a realização da despesa; orçamentos obtidos na fase de levantamento de fornecedores; contratos firmados com prestadores de serviços e fornecedores; comprovantes das despesas efetuadas (notas fiscais e recibos); extratos bancários de conta corrente e investimento; ateste do conselho fiscal. É bom lembrar que são válidos somente os recibos e documentos emitidos em nome da APM, unidade executora do repasse. A prestação de contas deve ser submetida à aprovação do Conselho Fiscal da APM e do Conselho de Escola.

Além de preservar os originais, recomenda-se manter cópias de tudo. Sugere-se que toda a organização da documentação seja armazenada em ordem cronológica por programa ou contrato, com uma pasta para cada um, o que na administração pública é denominado de "processo". Isso facilita a localização dos documentos e sua manipulação quando necessário.

A GESTÃO DE RECURSOS PRÓPRIOS

A escola é obrigada a ter conta bancária própria para depósito e movimentação de recursos arrecadados de modo autônomo, por exemplo, por meio de festas e doações. A utilização dessa verba também deve ser decidida pelas instâncias de gestão colegiada, como APM, Conselho de Escola. Nas unidades onde a participação estudantil é incentivada e respeitada, o Grêmio Estudantil também é ouvido ou a equipe gestora cria outras formas de considerar os desejos e propostas dos estudantes.

Quando se trata de dinheiro doado por entidades privadas, é preciso observar as exigências e os critérios da instituição que repassou a verba quanto à gestão e à prestação de contas. Mesmo no caso das arrecadações próprias, é necessário prestar contas dos recursos arrecadados e apresentar ao Conselho Fiscal da APM e ao Conselho de Escola. Afinal, numa gestão democrática, a comunidade precisa ser informada de todas as aplicações feitas em benefício da escola. Além da apresentação formal às instâncias de gestão colegiada, uma versão simplificada das contas pode ser divulgada em canais informais, como nos murais da escola, em boletins ou jornais internos, em blogs ou outros veículos digitais e em assembleias ou reuniões gerais com a presença de alunos e seus familiares.

RECURSOS FINANCEIROS
PARA AUTONOMIA E CRIATIVIDADE PEDAGÓGICA

Na EMEI Cruz e Sousa, localizada no Jardim Itacolomi, periferia da zona sul paulistana, parte das verbas do PTRF vem sendo utilizada para a implementação da educação antirracista prevista no PPP da escola.

Em 2014, quando a equipe foi realizar o Leituraço, percebeu que não havia livros com personagens negras no acervo literário da EMEI. Leituraço é um programa criado em 2014 pela SME com o objetivo de difundir a produção literária africana e afrobrasileira nas unidades escolares da rede municipal paulistana. A constatação da falta de livros adequados para o Leituraço levou também à percepção de que era preciso investir na formação da equipe para a educação antirracista. No entanto, as verbas disponibilizadas pelo PTRF não eram suficientes para as ações de manutenção da unidade e para compra de acervo e contratação de formadores. Naquela época, a equipe gestora contava com parcerias de educadoras e educadores que muitas vezes participavam sem remuneração, alguns deles pertencentes a organizações e movimentos negros.

Embora a participação de educadores de organizações e movimentos esteja prevista nas Diretrizes Curriculares Nacionais para a Educação das Relações Étnico-Raciais e para o Ensino de História e Cultura Afro-Brasileira e Africana (2004), os processos formativos sobre quaisquer temáticas na escola não podem depender de voluntariado, precisam ser profissionalizados e remunerados. A possibilidade de uso de verbas para processos formativos pelas escolas municipais de São Paulo ampliou-se com o PTRF Formação, que, entretanto, exige a contratação de pessoas com especialização, mestrado ou doutorado. No que diz respeito à educação antirracista, isso se torna uma restrição inadequada, pois dentre as educadoras e os educadores de coletivos e movimentos sociais negros e indígenas, há pessoas com muitos saberes e conhecimentos, porém sem certificação, o que impede a contratação.

Em 2020, a SME lançou o PTRF Sala de Leitura, que permitia a compra de livros literários diretamente pelas escolas, dentre outros itens. A EMEI Cruz e Sousa aproveitou para renovar seu acervo e adquirir sacolas de tecido para o projeto biblioteca circulante. Cada criança decorou uma sacolinha e a utilizou ao longo do ano letivo para levar livros para leitura com os familiares em suas casas aos finais de semana.

Além dos livros, a escola comprou itens como instrumentos musicais de origem africana e indígena, pentes de madeira diferenciados para as variadas texturas e curvaturas de cabelos, tintas de diferentes tonalidades de pele, bonecas e bonecos que representam várias profissões e diversos pertencimentos étnico-raciais, com cabelos mais ou menos volumosos, lisos, crespos, ondulados e peles com variações do negro retinto aos vários tons de branco. Os recursos do PTRF também vêm sendo utilizados para a compra de tecidos africanos que permitem a confecção de fantasias que fujam ao padrão de personagens de contos de fada e de narrativas de super-heróis brancos. Além de não contemplar a representatividade da composição étnico-racial plural da sociedade brasileira, a equipe pedagógica percebeu que essas fantasias mais comuns não garantem a criatividade das crianças quando elas encenam as histórias que ouvem e as que inventam. Com os tecidos africanos, elas podem usá-los livremente, ajeitando-os como vestes no corpo ou como adereços no cenário.

Na EMEI Cruz e Sousa o uso das verbas tem se modificado à medida que a educação antirracista vem sendo implementada. Os muros da escola foram pintados por Agnaldo Mirage, artista que fez uma releitura das obras das crianças, garantindo que elas e toda a comunidade escolar se vejam refletidas. "Provavelmente, aquilo que a gente gastaria para passar uma tinta única de fora a fora ou fazer um design qualquer teria o mesmo valor que a gente gastou trazendo essa representatividade para nossos muros", refletiu Marcos Manoel dos Santos, diretor da EMEI.

É importante ressaltar que a aquisição de itens que signifiquem algum tipo de inovação quanto ao que é tradicionalmente comprado exige da equipe gestora uma dedicação extra no que diz respeito ao manejo das verbas. As escolas municipais não podem, por exemplo, comprar livros que já estejam previstos nas compras centralizadas da SME por meio de licitação. No caso da EMEI, foi preciso orientar minuciosamente a loja fornecedora de tecidos africanos, pertencente a um comerciante do Benin, quanto aos procedimentos e requisitos exigidos para a prestação de contas.

Segundo Viviane Vieira, coordenadora pedagógica da EMEI Cruz e Sousa, a loja nunca havia feito nenhuma venda para escola pública anteriormente e, após a experiência com a EMEI, o proprietário se sente capacitado para atender outras unidades. "Quando a gente está comprando coisas específicas, que são necessárias e importantes para a escola, a partir dos princípios colocados no PPP, nem sempre a gente vai lidar com um prestador que já está acostumado com vendas para escolas. A gente vai buscar outros lugares e vai compartilhando esses caminhos com outras pessoas e, assim, vai tecendo uma nova rede", relatou Viviane.

A equipe gestora da EMEI também aprendeu que quanto mais utiliza os programas de transferência de recursos, mais consegue entender seu funcionamento e fazer melhor uso das verbas em prol do PPP da escola. Em 2023, a equipe utilizou recursos do PTRF geral para levar à unidade contadoras de histórias de matriz africana para as crianças, utilizando o código da alínea de apresentação cultural e artística.

O caso da EMEI Cruz e Sousa é um excelente exemplo da confluência entre os aspectos pedagógicos e administrativos na gestão escolar. Ou seja, as medidas administrativas e o manejo dos recursos financeiros precisam atender às necessidades pedagógicas da escola, no caso, a novas demandas advindas de exigências legais e reformulações pedagógicas inseridas no PPP, por meio das leis 10.639/2003 e 11.645/2008, que modificaram a LDB.

Educação de qualidade e avaliação educacional

Neste capítulo serão apresentados os dois principais modelos de avaliação educacional em vigência e os conceitos que os fundamentam. Como opção mais aderente ao objeto do livro, aqui será priorizado o tratamento da avaliação institucional. Será discutido o papel da equipe de gestão escolar nos processos de avaliação em relação com o conceito de educação de qualidade, o primeiro a ser tratado na sequência.

AVALIAÇÃO E EDUCAÇÃO DE QUALIDADE

Um entendimento bastante comum que emerge quando se fala em avaliação educacional é o de que, seja qual for a modalidade ou tipo de processo avaliativo, ele vai verificar a qualidade da educação. Para que isso corresponda minimamente à verdade, é preciso primeiro discutir o que se entende por qualidade na educação.

Essa é uma expressão banalizada, que aparece como "bandeira" de vários setores da sociedade. Estudantes e professores costumam fazer greves e manifestações exigindo investimentos por uma educação de qualidade. Em períodos eleitorais, candidatos ao Executivo e ao Legislativo prometem trabalhar pela qualidade da educação pública. Aliás, quem prometeria o contrário? Organizações não governamentais (ONGs), entidades do chamado terceiro setor e do mundo empresarial bradam propostas para melhorar a qualidade da educação pública no Brasil, enquanto consultorias do setor privado vendem aconselhamentos e produtos prometendo garantir qualidade à educação das redes públicas.

Mas o que seria uma educação de qualidade, o que a caracteriza? Quais seriam os indicadores que denotam qualidade da educação oferecida pela escola? Tirar boas notas na prova da escola ou obter boa colocação no Exame Nacional do Ensino Médio (Enem) significa que um aluno teve acesso a uma educação de qualidade?

Assim como a gestão democrática, a qualidade da educação também consta na Constituição, aparecendo na forma de "garantia de padrão de qualidade" no artigo que estabelece os princípios da educação nacional (CF 1988, art. 206, inc. VII). Depois, é reforçada no artigo que trata do regime de colaboração entre os entes federados: "A União organizará o sistema federal de ensino e o dos Territórios, financiará as instituições de ensino públicas federais e exercerá, em matéria educacional, função redistributiva e supletiva, de forma a garantir equalização de oportunidades educacionais e *padrão mínimo de qualidade do ensino* mediante assistência técnica e financeira aos Estados, ao Distrito Federal e aos Municípios" (CF 1988, art. 211, § 1º). Outra passagem do mesmo artigo determina que os entes federados busquem formas de colaboração para "assegurar a universalização, *a qualidade* e a equidade do ensino obrigatório" (CF 1988, art. 211, § 4º). Na sequência, estabelece-se a referência para a definição do padrão de qualidade, considerando "condições adequadas de oferta" e tendo como parâmetro o Custo Aluno Qualidade (CAQ), "pactuados em regime de colaboração" por meio de lei complementar (CF 1988, art. 211, § 7º).

A qualidade aparece ainda no artigo que define a vinculação constitucional mínima e obrigatória de impostos que os entes federados devem destinar para a educação: "A distribuição dos recursos públicos assegurará prioridade ao atendimento das necessidades do ensino obrigatório, no que se refere a universalização, *garantia de padrão de qualidade* e equidade, nos termos do plano nacional de educação" (CF 1988, art. 212, § 3º). Por fim, o termo aparece no artigo que determina a criação do Plano Nacional de Educação (PNE), que deve resultar na "melhoria da qualidade do ensino", entre outros pontos (CF 1988, art. 214, inc. III).

O dispositivo do padrão mínimo de qualidade foi inserido na Constituição Federal em 1996, pela Emenda Constitucional nº 14, que criou o Fundo de Manutenção e Desenvolvimento do Ensino Fundamental e Valorização do Magistério (Fundef). A Emenda também determinou que, num prazo de cinco anos, ou seja, até 2001, fosse definido "um valor por aluno correspondente a um padrão mínimo de qualidade de ensino, definido nacionalmente" (CF 1988, Ato das Disposições Constitucionais Transitórias – ADCT, art. 60, § 4º).

No entanto, a tarefa nunca foi cumprida pelos entes governamentais, ao passo que, como já dito, o debate sobre qualidade na educação ocupava cada vez mais o espaço público, intensificado sobretudo a partir de meados dos anos 2000, quando os resultados das chamadas avaliações externas de larga escala também ganharam mais projeção junto à opinião pública. Esse tipo de avaliação será tratado logo mais, em seção específica. Por ora, cabe destacar que se trata dos testes padronizados aplicados por governos (federal, distrital, estaduais e municipais) para verificar o nível de proficiência das e dos estudantes em determinados conteúdos de certos componentes curriculares, normalmente Língua Portuguesa e Matemática.

Rapidamente passou-se a entender que essas avaliações mediriam a qualidade da educação. Os resultados eram (e continuam sendo) alardeados pela imprensa e muitas críticas ou mesmo acusações passaram a ser jogadas sobre as escolas públicas brasileiras, uma vez que boa parte delas não atingia e ainda não atinge as metas pré-estabelecidas. O sentido básico era de que a educação pública estatal não teria qualidade.

Esse discurso não é novo. Começou a ganhar força quando, a partir do final da década de 1950, a escola pública passou a se abrir para um público que antes estava excluído da escolarização: as filhas e filhos das classes trabalhadoras, em sua maioria pessoas pobres, negras, do campo. Como vimos no capítulo "Desigualdades, diferenças e diversidade", conforme aumentou o número de matrículas na escola, os índices de aprovação e conclusão despencaram. Vimos também que isso foi apontado por setores variados da sociedade como queda da qualidade da educação, e diretamente associada ao ingresso das camadas populares na escola pública.

Retornando ao início do século XXI, quando os resultados dos primeiros testes de avaliação de larga escala começaram a ser divulgados, novos e velhos discursos e soluções vieram à tona. Ressurgiu com força a ala dos que afirmam que o Brasil já investe muito em educação pública, mas que os recursos são mal geridos e por isso os resultados seriam ruins.

Por outro lado, grupos progressistas comprometidos com a democratização da educação e imbuídos de uma visão crítica e sistêmica, procuravam mostrar a complexidade do conceito de qualidade, como condição relativa e composta de múltiplos fatores. Relativa no sentido de que não é um conceito fixo, mas que vai se modificando conforme o contexto e as novas circunstâncias. Sua composição multifatorial significa que não pode se restringir a notas ou ao desempenho de estudantes em testes padronizados de proficiência, pois isso diz respeito a apenas um aspecto do processo educativo. Dito de outro modo, o conceito de qualidade não pode se centrar apenas em um tipo de resultado, mas precisa considerar o processo educativo e os vários elementos que o compõem e em tudo que ele resulta. Assim, vê-se que havia e há uma disputa em torno do conceito de educação de qualidade.

Diante do não cumprimento da determinação legal de que, em colaboração, as três esferas governamentais construíssem uma referência para o padrão mínimo de qualidade previsto pela Constituição, a Campanha Nacional pelo Direito à Educação (CNDE) tomou para si esse desafio. A partir de 2002, a Campanha deu início a um amplo e plural processo de pesquisa e debates públicos sobre o que seria qualidade na educação, envolvendo especialistas e representantes dos vários segmentos do campo educacional, como sindicatos de professores, entidades de secretários e conselheiros de educação, de estudantes e de seus familiares, pesquisadores de universidades, fóruns de discussão das etapas e modalidades da educação etc. Esse processo de pesquisa e diálogo resultou em uma proposta de referencial de custo da educação de qualidade que considerou quatro tipos de insumos: 1) condições de estrutura e funcionamento da escola (prédio, equipamentos, materiais permanentes e de consumo); 2) valorização das e dos profissionais (professores e demais educadores); 3) acesso e permanência das e dos estudantes; 4) gestão democrática.

A proposta da Campanha foi denominada de Custo Aluno Qualidade Inicial (CAQi) e, como o próprio nome sugere, indica os custos iniciais de cada etapa e modalidade da educação básica a partir de um conjunto de elementos que compõem cada um dos quatro tipos de insumos citados. Foram considerados aspectos como o tamanho do prédio escolar, a existência de quadra esportiva, laboratório de ciências e de artes, parque infantil, biblioteca, sala de professores, refeitório, além do número de crianças/estudantes por turma em cada etapa e modalidade, remuneração condigna dos professores e demais profissionais etc.

Assim, a CNDE se posicionou politicamente com uma proposta de qualidade com base nos custos dos insumos mínimos necessários ao trabalho educativo. Nas várias publicações produzidas sobre o CAQi, a Campanha sempre afirma que embora a existência de insumos adequados não seja suficiente para a qualidade do ensino, é condição indispensável para um trabalho educativo digno. Além do que, a proposição da Campanha se mostrou fundamental para tirar do zero e abrir os debates em torno da determinação legal de definição de parâmetros para o princípio constitucional de "padrão mínimo de qualidade" do ensino.

Desde 2006, quando os primeiros resultados do CAQi começaram a ser apresentados publicamente, a Campanha foi aperfeiçoando a proposta, que foi incorporada pela legislação educacional brasileira. O CAQi e o CAQ (custo mais avançado, não apenas inicial) estão no atual PNE (Lei nº 13.055/2014), como estratégias da meta 20, que diz respeito à ampliação do investimento público em educação pública. O conceito de Custo Aluno Qualidade também foi incluído na Constituição Federal pela Emenda Constitucional 108 de 2020, que criou o Fundeb permanente, como referência para a determinação do padrão mínimo de qualidade (CF 1998, art. 211, § 7º).

Cabe lembrar que também não são novas as pesquisas e discussão sobre a necessidade de se definir um padrão mínimo de qualidade para a educação básica brasileira a partir de custos. Ainda na década de 1960, Anísio Teixeira idealizou o que denominou de *custo-padrão da educação*, que seria calculado para cada região brasileira, com base em remuneração docente, despesas de administração, supervisão e serviços de nível central, biblioteca e materiais de ensino, serviços de assistência, alimentação e saúde dos estudantes, equipamentos e prédio escolar. Ele apresentou uma proposta de cálculo em seu livro *Educação é um direito*, publicado pela primeira vez em 1968.

Com tudo isso, quero reforçar a tese de que a noção de qualidade na educação é uma construção histórica e política, que vai se modificando e também transformando o conceito de direito humano à educação. Ter educação de qualidade para poucos, como acontecia nas primeiras décadas do sistema público de educação brasileiro a partir da República, quando quase apenas as elites frequentavam a escola, não é uma qualidade aceitável. Ter escola acessível para todos, mas sem que todas as pessoas concluam sua escolaridade no tempo esperado para cada etapa da educação básica e sem aprender os conteúdos previstos também não pode ser considerada educação de qualidade. Por isso, o conceito de equidade, apresentado no capítulo "Desigualdades, diferenças e diversidade", passou a constar da legislação brasileira junto com qualidade.

Voltemos ao texto da lei. O parágrafo primeiro do art. 211 da CF fala em "*equalização de oportunidades* educacionais e padrão mínimo de qualidade do ensino". O parágrafo quarto do mesmo artigo fala em "*assegurar* a universalização, a qualidade e a *equidade* do ensino obrigatório". Por fim, o parágrafo terceiro do art. 212 fala em "universalização, garantia de padrão de qualidade e *equidade*".

Assim, antes de entrar em definições sobre avaliação, apresento aqui uma proposta do que podemos entender como educação de qualidade:

> Educação escolar de qualidade é aquela que, dentro dos valores e princípios dos direitos humanos, e a partir de condições materiais dignas para a realização do trabalho pedagógico, contribui para a garantia da formação plena e integral de cada estudante, seu preparo para a vida cidadã e para a atuação profissional, garantidos os aprendizados dos conteúdos previstos e no prazo esperado para cada etapa do ensino.

O QUE É AVALIAÇÃO

Dito de modo simples e resumido, avaliar é, a partir de determinados critérios, observar de modo analítico e crítico um objeto, um processo, um produto, pessoas ou instituições, o que permite emitir um juízo de valor ou um julgamento sobre o que está sendo avaliado, em função do objetivo da avaliação.

Por exemplo, uma pessoa precisa adquirir flores para enfeitar o salão de uma festa. Para decidir que flores vai comprar, a pessoa levará em consideração uma série de fatores: que tipo de flor e quantas flores em função do tamanho do espaço a ser decorado e do dinheiro disponível, o tamanho e a cor das flores a depender de outros elementos decorativos, o cheiro das flores em função de sensibilidade alérgica das pessoas convidadas, a durabilidade das flores em razão da duração do evento, das condições de temperatura e umidade do local etc.

Como se vê pelo exemplo, o que parece uma simples decisão pode envolver muitos fatores a depender do objetivo ou necessidade de quem decide. Se a pessoa estivesse a comprar flores para enfeitar a sala de sua residência, possivelmente não precisaria levar em conta tantos aspectos, sobretudo se essa for uma prática habitual, isto é, a pessoa em questão já saberia mais ou menos que decisão tomar. Isso porque os aspectos envolvidos nessa aquisição já estariam condensados ou automatizados na prática e a pessoa não precisaria pensar em cada um deles a cada sábado que fosse comprar flores para enfeitar seu lar. Então, a depender dos objetivos e do número e tipo de dimensões a serem avaliadas, mais complexa, completa e desafiadora será a avaliação.

Na escola, de modo corriqueiro e segundo o senso comum, avaliação é entendida como "nota", ou seja, os conceitos que aparecem no boletim do estudante ao final de um período. Na área educacional, avaliação é uma velha conhecida de professores, estudantes e seus familiares. Professores sempre avaliaram os estudantes, julgando se eles aprenderam ou não os conteúdos curriculares, o que de modo geral se faz pela aplicação de provas, testes, trabalhos acadêmicos como redações, seminários etc. Assim, supostamente, a avaliação feita pelo professor na escola tem o objetivo de verificar se os estudantes aprenderam satisfatoriamente os conteúdos curriculares. Mais adiante explicarei por que utilizei o advérbio "supostamente" em face do objetivo da avaliação escolar.

No entanto, a nota que aparece no boletim não consegue expressar a totalidade do complexo e delicado processo de aprendizado de cada estudante, e muito menos pode ser considerada um julgamento definitivo sobre suas capacidades intelectuais e cognitivas. Um estudante pode ter compreendido um determinado conteúdo da área de Matemática, mas, no dia da prova, impactado por algum problema de ordem pessoal, como doença ou morte de algum familiar, não ter um bom desempenho. Se o professor considerar estritamente o número de questões corretas respondidas, pode incorrer no erro de julgar que aquele aluno não aprendeu determinado conteúdo.

Esse exemplo simplório permite afirmar que a avaliação não pode incidir apenas sobre um momento dos processos de ensino e aprendizagem. A professora avalia o tempo todo. Durante as aulas, ela observa o grau de interesse e dedicação das e dos estudantes, por meio das interações, das perguntas, da participação. Ela observa as lições feitas, a lógica e os procedimentos pelos quais a aluna ou aluno resolveu um problema de Matemática, o modo como construiu um texto, o jeito de se expressar oralmente etc.

A avaliação, portanto, não se resume a uma nota resultante da aplicação de uma prova em dado momento. Ela é um processo que se dá ao longo do tempo e envolve várias dimensões que precisam ser consideradas de modo a compor um quadro abrangente e integrativo de tudo o que influencia a formação do estudante. Nesse ponto é importante retomar e problematizar o objetivo da avaliação que se faz na escola sobre o desempenho do alunado. Já se sabe que na escola o processo de aprendizagem é complexo, compondo-se de uma série de elementos para sua concretização, como o modo pelo qual professores ensinam, o modo como se relacionam com as e os estudantes, sua formação e experiência, as condições objetivas de que dispõem para o trabalho, desde remuneração, jornada, ambiente, apoio e materiais pedagógicos etc.

Tudo isso permite afirmar que o objetivo da avaliação na escola não pode se restringir a verificar se o estudante aprendeu e ponto final. É preciso problematizar esse objetivo com um questionamento sobre os usos dos resultados da avaliação, ou seja, *para que* verificar se o aluno aprendeu? Se o resultado for positivo, isto é, se a conclusão é de que ele aprendeu, o que se vai fazer com isso, ou dito de outra forma: "a coisa" termina aí? Caso se conclua que ele não tenha aprendido determinados conteúdos curriculares, o que será feito além de lançar uma nota baixa no boletim do estudante?

Assim, diante da mencionada complexidade do processo que leva ao aprendizado, que obviamente não se separa do processo de ensino, e que se compõe dos tantos elementos anteriormente listados, é preciso reformular os objetivos da avaliação do estudante na escola. Proponho a seguinte formulação:

Objetivo da avaliação do aprendizado

O objetivo da avaliação é verificar se estudantes demonstram aprendizado de conteúdos curriculares esperados para o ano cursado, observando se o processo de ensino tem sido adequado às necessidades do corpo discente, considerando as condições objetivas e demais fatores que influenciam o trabalho educativo.

Como se pode depreender desse enunciado, desloca-se a avaliação centralizada apenas no desempenho estudantil individual e redistribui-se a atenção para os vários fatores que contribuem para o aprendizado. Desse modo, o aprendizado continua em questão, porém não mais tomado como produto do desempenho isolado de um indivíduo (o estudante), mas como o resultado de uma série de fatores entrelaçados. Ressalta-se, sobretudo, a finalidade primordial e última da avaliação, que é orientar de modo contínuo o trabalho da escola como um todo.

É aí que entra uma modalidade mais ampla e abrangente de avaliação educacional, denominada de avaliação institucional. Como o próprio nome já explicita, ela vai tratar de avaliar a instituição escolar como um todo, não só o aspecto mais direto do desempenho de cada estudante individualmente que, sem dúvida, é um importante elemento a ser avaliado. Ela pode ser externa ou interna ou um misto de ambas. Na avaliação institucional externa encomenda-se um processo avaliativo que é planejado e conduzido por outra entidade, mesmo quando a instituição avaliada participa de decisões sobre aspectos a serem avaliados e que critérios serão utilizados. Essa encomenda pode partir da própria instituição ou de alguma entidade à qual ela é vinculada. Na área educacional, isso não é muito comum, sobretudo no setor público, mas pode ocorrer em escolas privadas, por parte de suas mantenedoras.

Na avaliação interna, conhecida como autoavaliação institucional, a unidade escolar propõe e conduz seu próprio processo avaliativo, ainda que para isso possa contar com assessoria e avaliadores externos, além de utilizar ferramentas propostas por terceiros.

É a autoavaliação institucional (AAI) que mais nos interessa e sobre a qual passarei a tratar, por considerar que se trata do modelo de avaliação mais adequado à natureza e aos propósitos da instituição escolar. Retomando o que já vimos em diversos capítulos deste livro, a finalidade da educação, de acordo com o disposto no art. 205 de nossa Constituição Federal, é o "pleno desenvolvimento da pessoa, seu preparo para o exercício da cidadania e sua qualificação para o trabalho". Conforme também já vimos, muitos fatores concorrem para que tais propósitos sejam alcançados, o que torna complexa a natureza da educação escolar. Tudo isso requer um processo avaliativo abrangente, rigoroso e sensível, capaz de proporcionar uma análise crítica sobre os vários aspectos do processo educativo.

Como é possível perceber, a AAI inclui a avaliação do aprendizado de conteúdos curriculares pelos alunos, pois esse é *um* dos aspectos a serem avaliados. Assim, é necessário explicitar o que é a AAI e seus objetivos, que defino como se segue.

> **Autoavaliação institucional escolar** é um processo coletivo e colaborativo de investigação e reflexão sistemática sobre o fazer da instituição educativa, que se vale de variadas ferramentas metodológicas e se debruça sobre os vários aspectos da vida escolar, como constituição, formação e jornada da equipe de educadores, infraestrutura do prédio, equipamentos e materiais disponíveis, relação com o território, participação das famílias ou responsáveis, aprendizado do alunado etc. Tem como objetivos verificar se a escola tem cumprido sua finalidade de contribuir para a formação integral de seu alunado, buscando aperfeiçoar seu PPP em função dos resultados.

Reparem que não segui estritamente o texto constitucional, partindo da compreensão de que a formação integral não depende somente da escola e abrange pleno desenvolvimento, vida cidadã e exercício do trabalho. No entanto, se estivermos tratando de avaliação de uma unidade escolar voltada para a educação infantil, não caberia considerar a qualificação para o trabalho. Assim, proponho um enunciado que seja abrangente.

Note-se que incluí o PPP nesse conceito de AAI na constante defesa do projeto político-pedagógico como estratégia-documento-processo catalisador do princípio da gestão democrática na escola, no exercício contínuo de construção da autonomia escolar e da autoria coletiva que a caracteriza. Se como vimos no capítulo "O projeto político-pedagógico", o PPP deve ser entendido como um instrumento de planejamento educacional no nível da escola, contendo os sonhos e as metas de melhoria e um plano com estratégias para realizá-los, ele também deve ser o cerne do processo avaliativo. Nessa última seção deste capítulo, apresentarei um roteiro como sugestão para a realização da AAI na escola.

O ideal, aliás, seria que a avaliação institucional se desse sobre todos os âmbitos do sistema educacional, não só sobre a escola, mas também se estendesse à Secretaria de Educação à qual a unidade escolar é vinculada, passando pelos conselhos relacionados e chegando ao Ministério da Educação.

Aqui, é preciso tomar cuidado. Não está se propondo um esquema de espírito persecutório e vingativo, em que todos pretensamente avaliam todos em busca de erros e culpados. Não estou falando do furor avaliativo que vem constituindo uma cultura nefasta em nossa sociedade, traduzido por notas digitadas e curtidas ou descurtidas clicadas em redes sociais digitais e em aplicativos. Isso nada tem a ver com avaliação, mas diz respeito apenas à relação de consumo e competição no capitalismo. Na educação, a avaliação deve contribuir para que todas as pessoas envolvidas reconheçam e assumam suas responsabilidades no processo educativo, sendo que há tipos e níveis distintos de responsabilidade a depender do papel que desempenham.

AVALIAÇÃO EXTERNA

Embora não seja foco deste capítulo, vou apresentar características gerais da avaliação externa e algumas considerações sobre essa modalidade. No Brasil, quando se menciona avaliação externa da educação, o que vem à tona na mentalidade do senso comum do campo educacional é "prova aplicada pelo governo". O pensamento subsequente costuma ser: "para policiar, punir ou bonificar professores e escolas". Reparem que nem se considera a possibilidade de avaliação externa institucional, conforme mencionado anteriormente. Logo e somente se pensa em *prova*.

É lamentável que nosso senso comum sobre avaliação seja tão raso. Como já afirmado, quando se fala em avaliação no nível da escola logo se pensa em prova e em nota, essas aplicada e atribuída pelo professorado. E em nível do sistema, novamente se pensa em prova e em nota, dessa vez nas mãos de um ente quase fantasmagórico, um "governo genérico", pois muitas vezes o professorado e os estudantes não sabem se o teste vem do Governo Federal, Estadual ou Municipal. Num certo ano, em atividade de pesquisa em escola estadual paulista em que seria aplicado o teste do SAEB, a professora (substituta, portanto contratada precariamente) me informou que naquele dia não haveria aula porque o governador (mencionou o nome da pessoa no cargo à época) "mandou fazer prova". Ora, SAEB significa Sistema Nacional de Avaliação da Educação Básica, proveniente do Governo Federal, como veremos adiante.

Notem que não estou apontando esse senso comum pífio como culpa dos profissionais da educação e muito menos do restante da sociedade. Alguns autores atribuem essa relação exclusiva entre avaliação, provas e notas ao período colonial, quando os jesuítas se encarregaram da escolarização no Brasil Colônia, a partir de um rígido sistema que priorizava memorização e disciplina e castigava ou premiava os alunos por seu desempenho nos exames e comportamento.

Sem a intenção de retornar a um passado tão remoto, prefiro problematizar essa assunção empobrecida ao modo pelo qual os sistemas centralizados de avaliação foram e vêm sendo organizados no Brasil e, principalmente, como seus resultados vêm sendo divulgados e utilizados.

De modo resumido, isso que vulgarmente é chamado de "prova do governo" ganhou notoriedade no Brasil com a criação do Sistema Nacional de Avaliação da Educação Básica (SAEB). Conforme dados em páginas eletrônicas oficiais do Governo Federal, o SAEB foi a primeira iniciativa de âmbito nacional que se propunha a "conhecer o sistema educacional brasileiro em profundidade". Dentre seus vários objetivos destaca-se o de obter uma visão nítida dos resultados dos processos de ensino e aprendizagem e das condições em que são realizados. O Sistema começou a ser desenvolvido no final dos anos 1980 e seus testes foram aplicados pela primeira vez em 1990.

Naquela primeira edição, foi constituída uma amostra de escolas públicas de várias partes do Brasil e aplicados testes que procuravam cobrir as áreas de Língua Portuguesa, Matemática, Ciências Naturais e Redação para estudantes de 1ª, 3ª, 5ª e 7ª séries do ensino fundamental.

De lá para cá, muita coisa mudou no SAEB, como a inclusão, em 1995, de um questionário para levantamento de dados do contexto da escola. Em 2001, passou-se a aplicar testes apenas de Língua Portuguesa e Matemática. Outro ponto crucial de mudança se deu em 2005, quando além do teste sobre grupo amostral, foi criada uma prova que passou a ter abrangência censitária, ou seja, em todas as escolas públicas que tivessem um mínimo de 30 estudantes matriculados na 4ª série (então a última etapa dos anos iniciais) ou na 8ª série (última fase dos anos finais) do ensino fundamental. Foi isso que veio a permitir a geração de resultados por escola e, quase que automaticamente, a comparação entre elas.

Em 2007, surge o Índice de Desenvolvimento da Educação Básica (IDEB), resultado de um cálculo que combina médias de desempenho dos estudantes, apuradas pelas provas do SAEB, com taxas de aprovação, reprovação e abandono, levantadas pelo Censo Escolar. O índice alia desempenho a fluxo escolar. A ideia é que se uma escola obtém bons resultados nos testes, mas apresenta altos índices de reprovação e abandono, isso não pode ser lido isoladamente como bom desempenho.

A criação de sistemas de avaliação de nível nacional estimulou o desenvolvimento de similares em nível de estados e de municípios. Até 2017, 20 dos 27 estados e DF, assim como 1.573 municípios já tinham seus próprios sistemas de avaliação da educação básica com base em testes padronizados aplicados em larga escala. Nesses locais observa-se um acúmulo de aplicação de testes, pois as escolas participam das provas aplicadas pela rede à qual pertencem e também daquelas advindas do MEC.

Muitos estudos e pesquisas têm revelado como efeito desse tipo de provas a captura do tempo pedagógico para dedicação de professores e estudantes no preparo para os testes governamentais, por meio da realização de simulados. Sem falar nas denúncias de fraudes na aplicação das provas, que se avolumam em várias partes do Brasil. Isso se intensificou a partir do momento em que redes públicas adotaram dispositivos de bonificação financeira para profissionais de escolas que obtivessem bons resultados nesse tipo de exame.

Como já dito, não é meu objetivo traçar aqui um histórico exaustivo, mas apenas descrever um pouco o que no Brasil se tem denominado de avaliação externa da educação e tecer alguns comentários. Desse modo,

145

Gestão da educação

convém destacar que muitos pesquisadores dedicados à temática da avaliação educacional situam a chegada dos testes nacionais de verificação de desempenho de estudantes no contexto internacional de acirrado debate sobre Estado mínimo, que, no Brasil, converge com a reforma do Estado implantada no mandato de Fernando Henrique Cardoso, como vimos no primeiro capítulo.

É nesse contexto que adentram o sistema educacional brasileiro as avaliações externas de larga escala com base em testes padronizados de proficiência, que eu chamarei aqui pela sigla AELET. As pesquisas da área demonstram que o estabelecimento de sistemas de avaliação dessa natureza consta como exigência de parcerias e contratos de cooperação firmados pelo governo brasileiro a partir de meados dos anos 1980 e mais constantemente nos anos de 1990 com entidades internacionais como Banco Mundial, Agência dos Estados Unidos para o Desenvolvimento Internacional (USAID, na sigla em inglês), Banco Interamericano de Desenvolvimento (BID), dentre outras. A V Cúpula Ibero-Americana de Chefes de Estado e de Governo, por exemplo, da qual o Brasil fez parte, aprovou o Programa de Cooperação para o Desenvolvimento de Sistemas Nacionais de Avaliação da Qualidade da Educação. Possivelmente em decorrência disso a LDB, de 1996, incluiu como uma das incumbências do governo da União "assegurar processo nacional de avaliação do rendimento escolar no ensino fundamental, médio e superior" (LDB 1996, art. 9, inc. VI).

Nesse bojo veio a ideia de que o Estado, não sendo mais provedor exclusivo ou majoritário de certos bens e serviços, deveria se dedicar à avaliação do que empresas e parceiros entregavam. A avaliação recairia também sobre as áreas em que o Estado ainda fosse majoritário, como na educação básica pública. A linha de fundo é sustentada por uma lógica mercantil de produtividade (quanto produz um investimento), economicidade (relação custo e benefício), eficácia (competência para alcançar os resultados esperados), eficiência (produzir mais e melhor com menos investimento) e competitividade (quem atingir os melhores resultados será recompensado). Muitas vezes, se a avaliação aplicada sobre determinado setor ou empresa pública chegasse a resultados insatisfatórios quanto a esses quesitos, isso era usado como argumento para seu encerramento ou privatização. É daí que pesquisadores da gestão pública criaram a expressão "Estado Avaliador".

A comparação entre escolas por meio de classificação, que passou a ser possível pelas mudanças feitas no SAEB a partir de 2005, termina por obedecer à lógica da competitividade. A partir da divulgação oficial dos resultados pelo MEC, veículos da imprensa facilmente passaram a produzir os ranqueamentos, divulgando quais escolas tinham obtido as melhores e as piores notas. Isso logo foi associado a melhor ou pior qualidade do ensino oferecido.

Por ocasião da divulgação dos resultados da primeira edição do IDEB, em 2008, lembro-me de ter sido procurada por um jornalista de um veículo de Brasília. À época, eu trabalhava na equipe de coordenação da Campanha Nacional pelo Direito à Educação que, como já dito, propôs o CAQi. Segundo ele, uma certa escola localizada em uma cidade satélite havia obtido uma boa "colocação" no IDEB e que, ao buscarem saber como era aquela unidade, o que se fazia ali de diferente para alcançar aquele resultado positivo, descobriram que se tratava de um local com condições precárias de infraestrutura, sem esgotamento sanitário, cadeiras sem encosto nas salas de aula, dentre outras mazelas.

Com isso, o jornalista deduziu rapidamente que condições materiais não estariam relacionadas diretamente com a qualidade da educação, já que mesmo em péssimas condições a escola obtivera bons resultados na avaliação externa. Então eu perguntei se ele matricularia seu filho em uma escola onde corresse esgoto a céu aberto pelo fato de estar bem classificada no SAEB. A ideia implícita é a de que seria aceitável o baixo investimento do Estado na oferta de uma escola precária para a população de baixa renda, que frequenta a rede pública, desde que fosse possível obter bons resultados em testes de proficiência.

Na contramão dos usos classificatórios e punitivos que têm sido feitos, vários pesquisadores têm se dedicado a estudar e a estimular o uso pedagógico dos resultados das AELET pelas escolas. Essa afirmação chega a ser irônica, uma vez que essa deveria ser a principal finalidade de qualquer tipo e processo de avaliação educacional, ou seja, seu uso pelas escolas e pelos órgãos centrais da administração escolar para melhorar a qualidade da educação oferecida. O que se tem percebido nesses estudos é que, totalmente apartadas das avaliações externas que lhes são impostas de modo verticalizado, as equipes da escola não recebem formação para entender como as AELET são estruturadas e como seus resultados são organizados. Alguns projetos têm apoiado equipes escolares a interpretar os resultados de suas unidades nas AELET e compará-los com os dispositivos internos de avaliação, em busca de melhorar seus próprios processos avaliativos e, principalmente, seu projeto educativo.

AUTOAVALIAÇÃO INSTITUCIONAL – COMO FAZER

No capítulo "O projeto político-pedagógico", a avaliação institucional foi apresentada como etapa do processo contínuo de execução do projeto político-pedagógico e ali dei algumas dicas sobre como proceder à autoavaliação. Aqui vou detalhar um pouco mais alguns passos para apoiar unidades escolares a organizarem seus processos de autoavaliação institucional (AAI), para além do aspecto operacional, isto é, não se trata de um manual do tipo "faça isso ou faça aquilo", mas do compartilhamento de ideias para inspirar uma ação avaliativa de caráter formativo e que, portanto, contribua para que a escola reveja e alcance seus propósitos.

Estudos, diálogos e reflexões sobre avaliação

Para que a escola inicie um processo de AAI é necessário dedicar um tempo de preparação que envolve estudar e discutir um pouco sobre avaliação, tanto a que se faz constantemente sobre o desempenho dos alunos, quanto a que se pretende com a AAI, seus tipos e modalidades, seus objetivos. Essa fase de preparo pretende dar à equipe subsídios para o necessário questionamento: para que e por que fazer uma autoavaliação da escola? Esse é aquele momento crucial que já comentei em várias passagens deste livro, que tira a equipe dos automatismos e das ideias cristalizadas, convidando as e os educadores a fazerem uma "parada reflexiva" que lhes permita regularmente repensar sobre educação escolar, sua escola e seu papel como profissionais nesse contexto.

Para organizar esse momento, sugere-se solicitar ajuda para as instâncias encarregadas do apoio pedagógico às escolas na Secretaria de Educação. Outra sugestão é convidar pesquisadores de universidades especializados em avaliação institucional na educação, que poderão contribuir com a

Educação de qualidade e avaliação educacional

formação da equipe. Ainda é importante conversar com equipes de outras escolas que já estejam mais avançadas em processos de AAI.

Essa etapa de reflexão e diálogo é muito importante para que a equipe estabeleça um consenso possível sobre a necessidade de empreender esforços para um processo consequente de AAI. Dado o histórico de avaliação com teor de punição na educação brasileira, seja sobre os estudantes, seja sobre o professorado, é comum que a equipe apresente desconfianças e boicote a proposta de AAI. E também porque processos avaliativos dessa natureza vão necessariamente mexer com as relações de poder dentro da escola, o que não acontece sem conflitos, que precisam ser explicitados e confrontados. Nesse ponto, convém lembrar que a LDB prevê a avaliação como uma das incumbências do professor: "participar integralmente dos períodos dedicados ao planejamento, à avaliação e ao desenvolvimento profissional" (LDB 1996, art. 13, inc. V).

Planejamento, organização e realização

Tendo a equipe refletido e acordado sobre a necessidade de instaurar um processo de AAI, é preciso planejá-lo e organizá-lo. Em que momento(s) ele será realizado, com que ferramentas, quem participará, que aspectos da vida escolar serão avaliados, quais serão as fontes de dados para cada dimensão e quesito a se avaliar? Sugere-se buscar alguma ferramenta já existente na qual a escola possa se apoiar para realizar seu processo de AAI.

Assim como feito no capítulo "O projeto político-pedagógico", uma dica é utilizar o material do projeto "Indicadores da Qualidade na Educação", criado pela ONG Ação Educativa, em parceria com outras instituições e que conta com a participação e chancela do MEC. Há guias disponíveis para a AAI de escolas de educação infantil, ensino fundamental e ensino médio. São materiais bastante completos, que se propõem a apoiar a escola em todas as etapas da AAI, desde a organização da equipe que vai conduzir o processo, até o uso e divulgação dos resultados. Como o próprio material sugere, a escola não precisa seguir à risca tudo o que cada guia propõe, mas adaptar a ferramenta ao seu contexto e necessidades.

À medida que a escola incorpora a prática de AAI à sua rotina, também ganha mais segurança para imprimir sua singularidade ao processo, inserindo novas ferramentas de coleta de dados, dimensões e quesitos a serem avaliados, a partir de sua realidade.

Sistematização dos resultados

Aplicados os procedimentos de coleta de dados, é preciso organizar e interpretar os resultados por meio de sua sistematização. Aliás, essa tarefa deve acontecer ao longo do processo de AAI, como uma de suas partes fundamentais. Isso significa que é preciso fazer registro escrito, ainda que sintético, de todas as decisões tomadas e procedimentos realizados.

O trabalho contínuo de sistematização da vida escolar é muito custoso, sobretudo diante de tantas outras tarefas exigidas da equipe de educadores, mas insisto em sua necessidade como um dos dispositivos que fortalece o caráter de autoria intelectual do ofício docente, além de garantir o registro do trabalho coletivo na escola.

No caso da AAI, a sistematização dos resultados vai contribuir para um acompanhamento de médio e longo prazo do PPP. Na medida do possível, é importante que a equipe de sistematização conte com a participação de professores, familiares e estudantes.

Comunicação e discussão sobre usos

Considerando que a AAI tem como razão de ser a reformulação de rotas das práticas educativas e das relações na escola, a sistematização dos resultados já deve incluir o que fazer com eles. No material dos Indique há um quadro simples em que se propõe a apresentação do resultado de cada dimensão e item avaliado e indicação de ações em busca de melhorias.

Quadro 6 – Exemplo de plano de ação a partir de resultados de processo de AAI

Dimensão	Indicador	Problemas	O que fazer	Responsáveis	Prazo
Ambiente educativo	Combate à discriminação	Muitos professores sentem dificuldade de tratar do assunto. Algumas vezes ouvem piadinhas racistas e não sabem o que fazer	1. Organizar grupos de discussão com toda a escola sobre os Indicadores da Qualidade na Educação – Relações raciais na escola para problematizar fatos reais em que a questão da discriminação e do racismo foi prepoderante	Eleni (professora) e Robson (do Grêmio). com a ajuda dos demais professores, funcionários e alunos interessados	Data do evento: 20 de novembro

Fonte: Indicadores da Qualidade na Educação - Ensino Fundamental, 2013.

Após a sistematização do processo de AAI, é preciso decidir como apresentar seus resultados para toda a comunidade escolar. Sendo a auto-avaliação institucional um processo participativo que deve envolver representantes de todos os segmentos da comunidade escolar, é indispensável que todos tenham acesso aos resultados e participem da discussão sobre o que fazer com eles. Assim, sugere-se a realização de uma ou mais reuniões para apresentação dos resultados para a comunidade escolar, para que todos continuem se sentido parte do processo e comprometidos com o propósito de melhoria da escola.

Conclusão

Ao final desta jornada sobre gestão escolar compreendida como coordenação do trabalho coletivo na escola, espero que o encadeamento de assuntos aqui apresentados tenha feito sentido para as leitoras e os leitores.

Como encerramento (temporário) do diálogo aqui aberto, gostaria de ressaltar que a busca pela gestão democrática na escola significa a construção constante de caminhos que convergem para a consolidação da democracia no Brasil.

Uma Democracia real, assim mesmo em caixa alta, que enfrente as desigualdades, valorize e proteja as diferenças, sustentada pelos princípios dos direitos humanos, cujo núcleo central é o respeito à dignidade da pessoa humana, de todos os seres humanos. No Brasil, essa Democracia com "D" maiúsculo ainda não existe, pois o país precisa enfrentar as enormes desigualdades de renda, raciais, de gênero, entre tantas outras, e já sabemos que parte importante desse enfrentamento passa pela escola. A defesa desse ideal de democracia na escola vai encontrar obstáculos, uma vez que significa romper com uma mentalidade e um comportamento autoritários e discriminatórios presentes na sociedade brasileira.

Como visto ao longo deste livro, o aprendizado da democracia na escola se dá pelo seu exercício prático por meio da gestão democrática, em que todos os sujeitos e segmentos escolares e do território são instados a participar do processo de discussão e decisão sobre o trabalho da escola. E isso não se dá sem confrontos e conflitos, uma vez que os interesses, sonhos e desejos desses sujeitos e segmentos poucas vezes são convergentes.

Todavia, é nesse complexo processo de exercício democrático que se aprende a ceder, a reconhecer o outro, a se reconhecer, a falar, a se expressar, compreendendo que todas as pessoas têm interesses, alguns de natureza mais individual, outros mais coletivas. E que somente parte deles poderá ser contemplada quando se tem divergência, uma vez que o resultado do exercício democrático efetivo costuma ser algo criado ao longo do processo pelas pessoas partícipes e não o que estava anteriormente dado. Só isso forma personalidades democráticas. Só esse tipo de exercício coíbe personalidades autoritárias.

Neste livro, apresento e defendo a elaboração, a implementação e a avaliação institucional do projeto político-pedagógico (PPP) como estratégia fundamental para a coordenação do trabalho coletivo na escola, orientada pelo princípio constitucional da gestão democrática. Minhas pesquisas vêm constatando que a elaboração autônoma e autoral do PPP, seu acompanhamento, sua revisão e avaliação com participação de toda a comunidade escolar é ponto comum entre as escolas que têm sido capazes de alcançar resultados positivos em sua função de garantir o pleno desenvolvimento da pessoa humana e seu preparo para o exercício da cidadania.

É importante compreender que o cumprimento dessa função primordial da escola não é algo que se alcança de modo definitivo e que, uma vez conquistado, "tudo estará resolvido". Isso porque o processo educativo formal, inserido num determinado contexto histórico e sociopolítico, envolve velhos e novos desafios que exigem atenção, estudo e criatividade constantes de suas e seus partícipes. Assim, embora eu tenha apresentado neste livro a defesa de que a gestão escolar é um processo compartilhado entre todas as pessoas que atuam como educadoras na escola, as e os profissionais que assumem funções ou cargos específicos de gestão têm um papel especial na condução desse trabalho coletivo.

Seria impossível dar cobertura, em um único livro, de todos os desafios e tarefas que se colocam no cotidiano da gestão escolar. Assim, espero que os conteúdos selecionados e sua abordagem nesta obra sejam suficientes para que estudantes de licenciaturas tomem gosto pelo estudo da gestão escolar e para que se aprofundem em seu desenvolvimento. Espero que também apoiem o trabalho e as reflexões das e dos profissionais que já estão em atuação nas escolas brasileiras, sobretudo das redes públicas, que atendem a maior parte da população.

A autora

Iracema Santos do Nascimento é doutora em Educação pela USP, onde é docente na Faculdade de Educação desde 2017, atuando na graduação e na pós-graduação. Na graduação, ministra, entre outras, as disciplinas de Coordenação do Trabalho na Escola; Política e Organização da Educação Básica; Relações de Gênero e Educação. Na pós-graduação, coordena a área de pesquisa Estado, Sociedade e Educação desde 2020. Criou e ministra a disciplina "Teorias Críticas e Epistemologias Decoloniais para repensar Educação e Democracia". Criou e coordena o projeto de extensão e pesquisa Clube de Leitura "Literatura e Diversidade", com leitura compartilhada de livros de autoria e temática LGBTQ+. Criou e coordena o Ijoba Moyámi – Grupo de Estudo e Pesquisa sobre Política e Gestão Educacional e Diferenças-Diversidade, com ênfase em raça, gênero, classe e suas intersecções.

CADASTRE-SE
EM NOSSO SITE,
FIQUE POR DENTRO DAS NOVIDADES
E APROVEITE OS MELHORES DESCONTOS

LIVROS NAS ÁREAS DE:

História | Língua Portuguesa | Educação
Geografia | Comunicação | Relações Internacionais
Ciências Sociais | Formação de professor
Interesse geral | Romance histórico

ou
editoracontexto.com.br/newscontexto

Siga a Contexto
nas Redes Sociais:
@editoracontexto

GRÁFICA PAYM
Tel. [11] 4392-3344
paym@graficapaym.com.br